MW01069108

Saber
escuchar

SERIE INTELIGENCIA EMOCIONAL DE HBR

Serie Inteligencia Emocional de HBR

Cómo ser más humano en el entorno profesional

Esta serie sobre inteligencia emocional, extraída de artículos de la *Harvard Business Review*, presenta textos cuidadosamente seleccionados sobre los aspectos humanos de la vida laboral y personal. Estas lecturas, estimulantes y prácticas, ayudan a conseguir el bienestar emocional en el trabajo.

Mindfulness
Resiliencia
Felicidad
Empatía
El auténtico liderazgo
Influencia y persuasión
Cómo tratar con gente difícil
Liderazgo (Leadership Presence)
Propósito, sentido y pasión
Autoconciencia
Focus
Saber escuchar
Confianza
Poder e influencia

Otro libro sobre inteligencia emocional de la
Harvard Business Review:

Guía HBR: Inteligencia Emocional

Saber
escuchar

SERIE INTELIGENCIA EMOCIONAL DE HBR

Reverté Management

Barcelona · México

Harvard Business Review Press

Boston, Massachusetts

Saber escuchar
Serie Inteligencia Emocional de HBR
Mindful Listening
HBR Emotional Intelligence Series

Original work copyright © 2017 Harvard Business School Publishing Corporation
Published by arrangement with Harvard Business Review Press

© Harvard Business School Publishing Corporation, 2017
All rights reserved.

© **Editorial Reverté, S. A., 2019, 2020, 2021**
Loreto 13-15, Local B. 08029 Barcelona – España
revertemanagement.com

Edición en papel
ISBN: 978-84-17963-02-6

4ª impresión: abril 2021

Edición ebook
ISBN: 978-84-291-9544-6 (ePub)
ISBN: 978-84-291-9545-3 (PDF)

Editores: Ariela Rodríguez / Ramón Reverté
Coordinación editorial: Julio Bueno
Traducción: Betty Trabal
Maquetación: Patricia Reverté
Revisión de textos: Genís Monrabà Bueno

Impreso en España – *Printed in Spain*
Depósito legal: B 897-2020
Impresión: Liberdúplex, S.L.U.
Barcelona – España

31

Contenidos

Contenidos

Contenidos

Saber escuchar

SERIE INTELIGENCIA EMOCIONAL DE HBR

1

¿Qué hacen los que saben escuchar?

Jack Zenger y Joseph Folkman

Es muy probable que pienses que sabes escuchar. En realidad, la percepción que tenemos de nuestra habilidad de escuchar es muy similar a la que tenemos de nuestras habilidades para conducir, es decir, que la mayoría de los adultos pensamos que estamos por encima de la media.

Según nuestra experiencia, podemos afirmar que la mayoría de la gente piensa que la habilidad de escuchar se resume en tres aspectos:

- No hablar cuando otros hablan.

- Transmitir a los demás que les estás escuchando con expresiones faciales y sonidos verbales («Mmm»).

- Ser capaz de repetir lo que otros te han dicho prácticamente al pie de la letra.

De hecho, gran parte de los consejos que se dan sobre cómo escuchar correctamente aconsejan seguir estas tres premisas: estar callados cuando otros hablan, asentir con la cabeza y con sonidos verbales, y repetir lo que otros han dicho con frases como «Permíteme que me asegure de que te he entendido. Lo que estás diciendo es...». Sin embargo, un reciente estudio que hemos llevado a cabo sugiere que estos comportamientos no son suficientes para describir una buena capacidad de escuchar.

En un programa de desarrollo, que estaba diseñado para mejorar las habilidades de gestión emocional de los directivos, analizamos los datos que describían el comportamiento de 3.492 participantes. En una de las partes de este programa, los participantes puntuaban las habilidades de *coaching* de los directivos. Cuando tuvimos los resultados, seleccionamos a aquellos que eran considerados como los oyentes más efectivos (el 5 % mejor). A continuación, los comparamos con la media de las demás personas e identificamos los 20 elementos en los que se diferenciaban de forma significativa. En función de estos resultados, identificamos las diferencias entre los oyentes medios y los oyentes excepcionales, y analizamos la información para determinar cuáles eran las características que sus compañeros habían señalado como comportamientos propios de un oyente excepcional.

Finalmente, logramos sacar algunas conclusiones, unas previsibles y otras sorprendentes. Las agrupamos en cuatro grupos principales:

- *La buena capacidad de escuchar implica algo más que estar en silencio cuando otra persona habla.* Contrariamente a lo que suponíamos, la gente considera que le prestan más atención cuando su interlocutor hace preguntas que promueven nuevas perspectivas. Estas preguntas son las que ponen en duda los supuestos tradicionales de una manera constructiva. Quedarte en silencio asintiendo con la cabeza no quiere decir que estés escuchando; en cambio, si realizas una pregunta pertinente le das a entender a tu interlocutor que, además de haber escuchado lo que ha dicho, lo has entendido correctamente y quieres información adicional. Siempre se ha sabido que escuchar bien consiste en establecer un diálogo bidireccional, y no una interacción en una sola dirección. Las mejores conversaciones son las activas.

- *La buena capacidad de escuchar incluye interacciones que refuerzan la autoestima de la persona.* Los que saben escuchar hacen que la conversación sea una experiencia positiva para la otra parte, y esto no ocurre cuando el oyente adopta una postura pasiva o crítica. Los que saben escuchar logran que la persona que habla se sienta respaldada y segura con ellos. Una de las características de la capacidad de escuchar es que se crea un entorno seguro en el cual los temas y las diferencias se pueden tratar abiertamente.

- *La buena capacidad de escuchar es vista como una conversación cooperativa.* En estas interacciones, el *feedback* fluye tranquilamente en ambas direcciones sin que ninguna de las dos partes adopte una postura defensiva por los comentarios que se hacen. En cambio, los que no saben escuchar son vistos como personas competitivas que solo escuchan para identificar los errores en el razonamiento o en la lógica, y que utilizan los silencios para preparar sus respuestas. Este es el caso de los que saben debatir, pero no el de los que saben escuchar. Los que saben escuchar pueden cuestionar las opiniones y discrepar, pero la persona que habla siente

que el oyente lo hace para ayudarle, no para
ganar la discusión.

- *Los que saben escuchar suelen hacer sugerencias.* La buena capacidad de escuchar incluye
siempre el intercambio de *feedback* positivo
para que la otra persona pueda considerar otras
alternativas. En cierto modo, esta característica
nos sorprendió porque no es poco frecuente
oír quejas como «Fulano no escuchaba, solamente interrumpía e intentaba solventar el
problema». Quizás lo que esta información
nos está diciendo es que el problema no se
encuentra en las sugerencias, sino en el modo
en el que se hacen. Otra posibilidad es que
estamos más dispuestos a aceptar sugerencias de aquellos que sabemos que son buenos
oyentes. (Alguien que está en silencio durante
toda la conversación y que de pronto interviene
para sugerir algo no es visto como una persona

fiable. Alguien que parece combativo y crítico y después quiere dar consejos no es visto como una persona de confianza).

Mientras que muchos de nosotros pensábamos que ser un buen oyente consistía en ser como una esponja que absorbe con precisión lo que la otra persona dice, los resultados de nuestro estudio muestran que ser un buen oyente significa funcionar como un trampolín, es decir, que en lugar de absorber simplemente las ideas, tienes la capacidad de amplificarlas, dinamizarlas y clarificarlas. Consiste en ser ese tipo de persona que te hace sentir bien, no por absorber pasivamente lo que dices, sino por darte su apoyo activo. De esta manera, consigues ganar energía y altura de la misma manera que un saltador de trampolín.

Evidentemente, existen diferentes niveles en la capacidad de escuchar. No todas las conversaciones requieren el máximo nivel, pero muchas conversaciones se beneficiarían de una mayor atención y de una mejor capacidad de escuchar. ¿Qué nivel de escucha te gustaría?

Nivel 1: El oyente crea un entorno seguro en el cual se pueden discutir tranquilamente asuntos difíciles, complejos o emotivos.

Nivel 2: El oyente deja a un lado las distracciones como el teléfono móvil o la tableta y concentra su atención en la otra persona y en el contacto visual adecuado. (Este comportamiento no solo afecta a la impresión que la otra persona se hace de ti, sino que también influye en tus propias actitudes y sentimientos. Si actúas de esta manera te sentirás mejor interiormente y, al mismo tiempo, te convertirás en un mejor oyente).

Nivel 3: El oyente intenta entender la sustancia de lo que la otra persona está diciendo. Capta ideas, hace preguntas y repite las cosas para confirmar que lo ha entendido bien.

Nivel 4: El oyente observa las señales no verbales, tales como las expresiones faciales, la transpiración, la respiración, los gestos, la postura y muchas otras señales corporales sutiles. Se calcula que el 80 % de lo que comunicamos viene de estas señales. Puede parecer extraño, pero escuchamos igual con los ojos que con los oídos.

Nivel 5: El oyente capta cada vez más las emociones y los sentimientos de su interlocutor sobre el tema en cuestión y los identifica y reconoce. El oyente empatiza con esos sentimientos y los reconoce de una forma comprensiva y sin juicios.

Nivel 6: El oyente hace preguntas para aclarar las opiniones que defiende su interlocutor y le ayuda a considerar el tema desde otro punto de vista. Esto incluye, en algunos casos, que el oyente aporte nuevos pensamientos o nuevas ideas sobre el tema que podrían ser útiles para la otra persona. Sin embargo, los buenos oyentes nunca se apoderan de la conversación para que sus asuntos pasen a ser el tema de discusión.

Todos estos niveles se refuerzan entre sí. Así pues, si has sido criticado, por ejemplo, por ofrecer soluciones en lugar de escuchar, es posible que necesites mejorar en alguno de los otros niveles (por ejemplo, dejar a un lado las distracciones o empatizar) antes de hacer sugerencias que sean apreciadas.

Creemos que a la hora de ser buenos oyentes la mayoría de nosotros nos quedamos cortos. Esperamos que este estudio, que nos ofrece una nueva perspectiva de la capacidad de escuchar, sea de alguna ayuda. Esperamos también, que aquellos que se dejan llevar por la ilusión de superioridad de su capacidad de escuchar sepan reconocer la realidad. También esperamos que desaparezca la idea que ser buen oyente consiste principalmente en actuar como una esponja absorbente. Por último, esperamos se entienda que la mejor forma de escuchar consiste en actuar como un trampolín, es decir, dando energía, aceleración y altura a la conversación. Estos son los rasgos distintivos de la buena capacidad de escuchar.

JACK ZENGER es consejero delegado de Zenger Folkman, una consultoría de desarrollo del liderazgo. Síguelo en Twitter @jhzenger. JOSEPH FOLKMAN es el presidente de Zenger Folkman. Síguelo en Twitter @joefolkman. Zenger y Folkman son coautores del artículo «Making Yourself Indispensable» publicado en HBR en octubre del 2011 y del libro *Speed: How Leaders Accelarate Successful Execution*.

Adaptado del contenido publicado en hbr.org, 14 de julio de 2016 (producto #H030DC).

2

¿Qué interfiere en la manera de escuchar?

Amy Jen Su y Muriel Maignan Wilkins

Nuestra capacidad de escuchar debería mejorar conforme vamos ascendiendo de categoría e incrementamos nuestra influencia. Pero saber escuchar es una de las habilidades más difíciles de dominar, y exige que descubramos algunas de las barreras que tenemos en nuestro interior.

Pongamos, por ejemplo, el caso de nuestra clienta Janet, una exitosa directora de una firma de consultoría y gestión. Recientemente, sus compañeros le dijeron que tenía que mejorar su capacidad de escuchar, un *feedback* que la dejó perpleja porque estaba segura de que era una buena oyente. Cuando les preguntó cuáles eran los motivos, sus compañeros explicaron que no respondía con exactitud a las preguntas que le hacían en las reuniones y que, muchas veces, no compartía las opiniones del resto del equipo. Janet quiso entonces ver qué estaba pasando. Parecía bastante sencillo, sin embargo, no lograba solucionar el problema. La clave, sorprendentemente, estaba en que tenía que centrarse en sí misma. Esto es lo que ella, y tú, deberíais hacer.

Ignora tu crítica interior

Janet se dio cuenta de que no estaba abierta al diálogo porque estaba nerviosa por su propio rendimiento. Su mente prestaba atención a una voz extraña —a su voz crítica interior— que controlaba lo que hacía durante las reuniones. Esto le ocurría especialmente en las presentaciones. La ansiedad por su propio rendimiento eclipsaba su habilidad para detectar los problemas que se escondían detrás de cada pregunta, y le impedía darse cuenta de las pistas que podrían solucionarlos. *Deja de pensar en «sacar buena nota» en la presentación y concéntrate en el propósito de esta. ¿Qué es lo que te atrae del tema o de la audiencia?*

Profundiza en cuál es tu función

Para escuchar atentamente, lo primero que debes hacer es creer que es una parte esencial de tu trabajo. Como dicen Boris Groysberg y Michael Slind es su artículo «Leadership is a Conversation» publicado en la revista *Harvard Business Review*, «Los líderes que se toman en serio la conversación organizacional saben cuándo deben dejar de hablar y empezar a escuchar». Conforme iba analizando por qué no sabía escuchar, Janet se dio cuenta de que se había encasillado a sí misma. Como consultora que era, describía su función diciendo: «ofrecer soluciones eficientes a los clientes». En nuestras sesiones, estuvimos discutiendo cómo podía cambiar de opinión sobre su función y pasar de ser solucionadora de problemas a ser una asesora de confianza; una asesora que, además de dar consejos, supiera escuchar atentamente los problemas y las preocupaciones de sus clientes. *Piensa en si te has encasillado en la definición de tu función. ¿Crees que tu única función es dirigir?*

Deja de lado tus miedos y la anticipación

Saber escuchar implica estar totalmente presente y preparado para responder a todo aquello que se cruza en tu camino. Pero nuestra capacidad de escuchar se interrumpe cuando estamos pensando en lo que vendrá a continuación. Janet se dio cuenta de que cuando otra persona estaba hablando, su mente planeaba lo que iba a decir a continuación. Esto le ocurría sobre todo en las conversaciones difíciles, cuando preveía una confrontación. Para evitar su miedo al conflicto, siempre planeaba lo que iba a responder sin escuchar lo que los otros decían. Pero saber escuchar es una habilidad especialmente importante a la hora de gestionar las conversaciones difíciles, cuando están en juego múltiples intereses y programas. Tenemos que prestar una atención absoluta para poder entender cuáles son los temas candentes o cuáles son los posibles malentendidos. *Observa si dejas de escuchar cuando te sientes emocionalmente incómodo. ¿Eres consciente de cuáles son los factores desencadenantes de estas desconexiones?*

Estar dispuesto a cambiar tu mente

Janet también se dio cuenta de que se esforzaba mucho por mostrarse confiada y por ofrecer su punto de vista en las reuniones. Al intentar demostrar su firmeza, daba la sensación de que había tomado una decisión precipitada. Uno de sus compañeros le dio este consejo: «Yo tengo mis propias opiniones, pero no asumo ni intento demostrar que soy la persona más inteligente de la sala. De hecho, creo que mis compañeros también son inteligentes y, por lo tanto, tienen sus razones para tener una opinión distinta. Por eso, estoy dispuesto a prestarles atención para llegar a la mejor solución, y no únicamente a mi solución». *Escuchar es pues una buena señal de autoconfianza. ¿Intentas transmitir confianza a toda costa y, en el proceso, te olvidas de las perspectivas de los demás?*

Aunque técnicamente existen muchas maneras de mejora la capacidad de escuchar, deberías concentrarte en los asuntos más profundos que hay en juego. Saber escuchar es una habilidad que te permite hacer que las personas, las estrategias y las necesidades se alineen. No puedes tener presencia de líder si no sabes escuchar lo que las otras personas tienen que decir.

AMY JEN SU es cofundadora y socia de Paravis Partners, una firma de desarrollo de liderazgo y de *coaching* para ejecutivos. Síguela en Twitter @amyjensu. MURIEL MAIGNAN WILKINS es cofundadora y socia de Paravis Partners. Son coautoras del libro *Own the Room: Discover Your Signature Voice to Master Your Leadership Presence* (Harvard Business Review Press, 2013).

Adaptado del contenido publicado en hbr.org,
el 14 de abril de 2014 (producto #H00RDP).

3

Escuchar a la gente

Ralph G. Nichols y Leonard A. Stevens

Nota del editor: en su artículo de 1957, Ralph G. Nichols y Leonard A. Stevens explican por qué saber escuchar es un componente clave de la comunicación empresarial, y por qué tanta gente tiene dificultades en este ámbito. En este extracto, describen cómo las emociones pueden afectar a lo que escuchamos y ofrecen dos métodos para ayudarnos a sacar más provecho de nuestras conversaciones.

Nuestras emociones influyen de muchas formas en nuestra habilidad de escuchar[1]. En sentido figurado, podemos afirmar que, cuando no nos gusta lo que oímos, desconectamos mentalmente. Y al revés, cuando alguien dice algo que nos agrada, abrimos nuestros oídos y aceptamos todo lo que dice —verdades, verdades a medias o mentiras—. Por ello, podemos decir que nuestras emociones funcionan como filtros auditivos. En algunas ocasiones, nuestras emociones nos provocan sordera, y en otras, facilitan totalmente la escucha. Si escuchamos algo que se opone a nuestros prejuicios, conceptos, convicciones, costumbres o complejos profundamente arraigados, nuestro cerebro se altera, y nos impide escuchar correctamente las palabras. Rechazamos mentalmente lo que estamos escuchando, formulamos una pregunta con la intención de incomodar al que habla, o simplemente nos enfocamos en los pensamientos que apoyan nuestros sentimientos sobre el asunto que se está tratando. Por ejemplo:

El contable de una empresa va a ver al director general y le dice: «Acabo de hablar con el Ministerio de Hacienda y...». Al instante, el director general se altera y piensa «¡Ese maldito ministerio! ¿Acaso no me pueden dejar en paz? Cada año el gobierno se aprovecha de mis beneficios hasta el punto de...». Acalorado, se gira y mira por la ventana. La simple mención del «Ministerio de Hacienda» altera su estado emocional y no le permite escuchar lo que le comunica el contable.

Sin embargo, este había ido a verle para decirle que existía la posibilidad de ahorrarse tres mil dólares ese año si realizaba unos trámites. Al final, si el contable insiste lo suficiente, el director general escuchará su propuesta, pero lo más probable es que no llegue a entenderla.

Cuando las emociones nos permiten escuchar atentamente es porque escuchamos algo que encaja con nuestros sentimientos profundos. Cuando esto ocurre, nuestras barreras mentales se vienen abajo y todo lo que recibimos es bienvenido. Apenas nos cuestionamos lo que oímos, nuestro «espíritu crítico» está desactivado por nuestras emociones. Nuestra capacidad de razonamiento se reduce al mínimo porque estamos escuchando conceptos que hemos sostenido durante años y que respaldan algunos de nuestros sentimientos más interiorizados. Es agradable escuchar a alguien que comparte con nosotros esas mismas ideas, así que nos dejamos llevar deleitándonos con esa experiencia.

¿Qué podemos hacer con estos filtros emocionales? La solución no es fácil, aunque se puede resumir en este simple consejo: *Escucha a tu interlocutor*. Estas dos sugerencias suelen ser útiles para aprender a seguir este consejo:

1. *No juzgues.* Este es uno de los principios más importantes del aprendizaje, especialmente del aprendizaje a través del oído. Requiere autocontrol, muchas veces más del que podemos reunir, pero con una práctica constante puede llegar a convertirse en un hábito extremadamente útil. El principal objetivo de escuchar debería ser comprender cada uno de los puntos que expone la persona que habla. Los juicios y las decisiones deberían reservarse para cuando el interlocutor haya dejado de hablar. En este momento, y solo en ese momento, podrás revisar y evaluar cada una de sus ideas.

2. *Busca las pruebas negativas.* Cuando escuchamos, tendemos a buscar pruebas que

corroboren que estamos en lo cierto. Pocas veces buscamos pruebas que demuestren que estamos equivocados. Esto último no es nada sencillo, porque se trata de una decisión que exige un espíritu generoso y gozar de una verdadera amplitud de miras. Sin embargo, una parte importante de la comprensión oral se encuentra en la búsqueda de las pruebas negativas de lo que escuchamos. Si decidimos buscar las ideas que demuestran que estamos equivocados, además de las que demuestran que estamos en lo cierto, entenderemos mejor lo que la otra persona nos está diciendo.

RALPH G. NICHOLS es conocido por sus muchos artículos y conferencias sobre los problemas de comunicación. Fue presidente de la National Society for the Study of Communication. LEONARD A. STEVENS es escritor *freelance* y consultor de presentaciones orales para muchas empresas líderes, y también está asociado al Management Development Associates de Nueva York. Nichols y Stevens fueron coautores del libro *Are You Listening?*

Nota

1. Ver Wendell Johnson, «The Fateful Process of Mr. A Talking to Mr. B», *Harvard Business Review*, enero-febrero 1953, 49.

Reimpreso de *Harvard Business Review*, septiembre de 1957 (producto #57507).

4

Tres formas para que los líderes escuchen con más empatía

Christine M. Riordan

Todos los estudios demuestran que saber escuchar es una habilidad esencial para la eficacia de los líderes. Entonces, ¿por qué hay tan pocos líderes que sepan escuchar?

Muchas veces, los líderes toman el control, dirigen las conversaciones, hablan demasiado o piensan en lo que van a decir después como contraargumento. Además, también reaccionan de forma precipitada, se distraen durante las conversaciones y no tienen tiempo para escuchar a los demás. Por último, si además son competitivos, dedican su atención a varias tareas a la vez, como leer correos electrónicos o escribir mensajes, o permiten que su ego se entrometa en lo que los otros tienen que decir, es probable que no sean capaces de aprovechar su habilidad para escuchar.

Sin embargo, los líderes deberían preocuparse por las opiniones de los demás. Los estudios demuestran que escuchar activamente, junto con la empatía y las ganas de conocer las perspectivas y los puntos de vista de los demás, es la forma más efectiva de escuchar[1]. Henry Ford dijo en una ocasión: «Si en la vida hay algún secreto para el éxito, este radica en la habilidad de entender el punto de vista de otra persona y ver las cosas desde su perspectiva».

Los estudios revelan diferentes grupos de comportamiento vinculados con la capacidad de escuchar con empatía[2]. El primero implica saber reconocer todas las pistas presentes en una conversación, las verbales y las no verbales —el tono, las expresiones faciales u otro tipo de lenguaje corporal—. Es decir, captando la información a través de todos los sentidos, no solamente por el oído. Los líderes más receptivos prestan atención a lo que la persona *no* dice, y buscan ir más allá. También reconocen y entienden los sentimientos de su interlocutor. Para demostrarlo utilizan frases como: «Gracias por compartir lo que sientes sobre esta situación, es importante conocer la opinión de cada uno», o «Pareces entusiasmado (feliz, disgustado) con esta situación y me gustaría que me contarás algo más sobre tu punto de vista».

El segundo grupo de comportamientos de escucha empática se enfoca en el procesamiento, e incluye las conductas que habitualmente asociamos al acto de escuchar. Implica entender el significado de los mensajes y hacer el seguimiento de los argumentos de la conversación. Los líderes que son eficaces en el procesamiento demuestran que recuerdan lo que dicen los demás, resumen los puntos de acuerdo y de desacuerdo, y captan los temas y los mensajes fundamentales de la conversación. Emplean frases como: «Estos son los puntos clave que he oído en esta reunión», «Estos son nuestros puntos de acuerdo y de desacuerdo», «Estos son otros elementos de información que deberíamos recoger», o «Estos serían los siguientes pasos por seguir, ¿qué os parece?».

El tercer grupo se refiere a la manera de responder e implica comunicar a tu interlocutor que has escuchado lo que decía y animarle para que la comunicación siga adelante. Los líderes que responden correctamente son aquellos que dan las respuestas adecuadas a través del reconocimiento verbal, de las aclaraciones o del parafraseo. Los comportamientos no verbales son importantes e incluyen las expresiones faciales, el contacto visual y el lenguaje corporal. Estas son otras respuestas efectivas: asentir con la cabeza, participar en la conversación y utilizar frases de reconocimiento como «Este es un buen punto».

En general, es importante que los líderes reconozcan la multidimensionalidad de la capacidad de escuchar empáticamente, y que se comprometan con todas las formas de comportamientos. Escuchar empáticamente refuerza la confianza y el respeto, permite a la gente revelar sus emociones —incluidas sus tensiones—, facilita la sinceridad en el intercambio de información y crea un entorno en el que se fomenta la resolución de problemas en común.

Aparte de actuar de forma correcta para escuchar empáticamente, el seguimiento posterior también es un paso importante para demostrar a tu interlocutor que se ha producido una verdadera escucha. Esta confirmación puede llevarse a cabo aportando *feedback*, realizando algunos cambios, cumpliendo las promesas acordadas en las reuniones, resumiendo la reunión mediante notas o, en el caso que así lo requiera, explicando por qué se han tomado otras decisiones. En resumen, el líder tiene a su disposición muchas formas para demostrar a su interlocutor que ha escuchado sus mensajes.

La habilidad y el deseo de escuchar con empatía suele ser lo que distingue a un buen líder de los demás. Limitarse a escuchar las palabras no es suficiente; un líder ha de esforzarse de verdad por entender la posición y la perspectiva de los que participan en la conversación. En una entrevista, Paul Bennett, director creativo de IDEO, aconsejó a los líderes prestar más atención y hacer las preguntas apropiadas. Bennett dijo: «Cuando era veinteañero estaba convencido de que las palabras estaban más interesadas por mí que yo por ellas. Por eso, pasaba la mayor parte del tiempo hablando torpemente sobre todo lo que pensaba, intentando aparentar ser inteligente y pensando en lo que iba a decir en lugar de escuchar lo que la gente me decía[3]».

Reducir la velocidad, comprometerse con los demás en lugar de debatir constantemente, tomarse tiempo para escuchar y aprender de los demás, y hacer preguntas brillantes son, en definitiva, las claves para alcanzar el éxito.

CHRISTINE M. RIORDAN es rectora y profesora de dirección de empresas en la Universidad de Kentucky. Su trabajo se concentra en asuntos relacionados con la diversidad de los empleados, la eficacia de los líderes y el éxito profesional.

Notas

1. Christopher C. Gearhart y Graham D. Bodie, «Active-Empathic Listening as a General Social Skill: Evidence from Bivariate and Canonical Correlations», *Communication Reports*, 24, n°2 (2011): 86-98.
2. Tanya Drollinger, Lucette B. Comer y Patricia T. Warrington, «Development and Validation of the Active Empathic Listening Scale», *Psychology & Marketing 23*, n°2 (2005): 160-180.
3. Grace Nasri, «8 Successful Entrepreneurs Give Their Younger Selves Lessons They Wish They Had Known Then», *Fast Company*, 9 de mayo de 2013, https://www.fastcompany.com/3009482/8-successful-entrepreneurs-give-their-younger-selves-lessons-they-wish-theyd-known-th.

Adaptado del contenido publicado en hbr.org,
16 de enero de 2014 (producto #H00MQE).

5

Si aspiras a ser un gran líder, aprende a estar presente

Rasmus Hougaard y Jacqueline Carter

Hace unos años, trabajamos con el director de una multinacional farmacéutica que había recibido una mala calificación cuando evaluaron su compromiso y su liderazgo. Aunque había intentado cambiar, el problema persistía. Su frustración iba en aumento y empezó a analizar el tiempo que dedicaba a cada uno de sus empleados; y cada vez que recibía *feedback* negativo, sacaba sus notas y exclamaba: «¡Pero mira cuánto tiempo dedico a cada uno!».

Las cosas empezaron a mejorar cuando se propuso realizar 10 minutos de mindfulness diarios. Después de un par de meses, la gente empezó a notar que estaba más motivado, que era más fácil trabajar con él, y que transmitía más ilusión. ¿Cuál fue la sorpresa? Cuando sacó la hoja en la que registraba el tiempo que dedicaba a cada empleado, advirtió que de media invertía un 21 % menos de tiempo con cada uno de ellos.

¿Cuál era la diferencia? Que ahora estaba totalmente presente.

Se dio cuenta de que antes, a pesar de estar en la misma sala con alguien, no estaba del todo presente. Estaba preocupado por otras actividades o dejaba que su mente se distrajera pensando en otras tareas. Lo peor de todo es que estaba escuchando a su voz interior mientras otras personas hablaban. Por culpa de esta falta de presencia, la gente se sentía ignorada y frustrada.

Nuestra voz interior es la que realiza los comentarios sobre nuestras experiencias. Suele decir cosas como «Me gustaría que dejara de hablar», «Sé lo que va a decir a continuación», «Ya he oído esto antes», o «Me pregunto si Joe habrá contestado mi mensaje».

Para comprometernos con los demás y crear relaciones de verdad, tenemos que silenciar nuestra voz interior y estar totalmente presentes. Para ello, hay que ser más consciente.

Como parte de la investigación para nuestro libro *La mente del líder*, entrevistamos a más de mil líderes que afirmaron que la mejor estrategia para que la gente se comprometa, cree mejores relaciones e incremente su rendimiento consiste en estar presente de forma consciente.

Otros estudios así lo confirman. En un estudio realizado a dos mil empleados, Bain & Company descubrió que entre los 33 rasgos del liderazgo —incluyendo la creación de objetivos atractivos, expresar las ideas claramente, y ser receptivo a la información— la habilidad de estar conscientemente presente (también denominada *habilidad de centrar la atención*) era la más importante de todas[1].

Las investigaciones también indican que hay una correlación directa entre la atención consciente de los líderes, y el bienestar y el rendimiento de sus trabajadores[2]. En otras palabras, cuanto más presente esté un líder con su gente, mejor será su rendimiento.

Basándonos en nuestro trabajo, estos son los consejos y las estrategias que podrían ayudarte a estar más presente en tu vida diaria.

Estar aquí y ahora

Dominic Barton, director de McKinsey & Company, es consciente de que ha de tener una agenda diaria con todas las reuniones anotadas. Todas estas reuniones son importantes, incluyen información compleja y exigen tomar decisiones de largo alcance. En estas circunstancias, es difícil estar presente en todo momento, reunión tras reunión. Pero según Barton, la presencia no es una elección, es una necesidad.

«Cuando me reúno con gente durante el día, hago todo lo que puedo por estar concentrado, por estar presente», nos dijo. «En parte lo hago porque me da energía, pero también porque, si no estás concentrado, no estás presente, y la gente se desilusiona y pierde la motivación. Si no estás presente, es mejor que no te reúnas. A veces resulta difícil, pero siempre es importante».

La persona que está delante de ti no sabe qué asunto tenías entre manos antes de la reunión, ni debería saberlo. Es tú responsabilidad estar en la reunión y estar totalmente presente para hacer un uso efectivo del tiempo limitado que tienes con cada persona con la que te reúnes.

Barton cree que estar presente conscientemente exige disciplina y técnica; disciplina para estar en lo que has de estar, y no dejarte llevar por otros problemas o distraerte con las divagaciones mentales. Y técnica para tener la habilidad mental de mantenerte concentrado y enfocado. Barton encuentra muy gratificante cuando consigue estar presente durante todo el día. Estar presente es el elemento clave para sacar el mayor provecho del tiempo que dedicas a cada persona.

Planifica para estar presente

Durante los diez años que trabajó como consejero delegado en Campbell Soup Company, Doug Conant desarrolló una serie de rituales para conectar física y psicológicamente con toda la gente de la empresa. Los denominó puntos de contacto.

Cada mañana, Conant dedicaba buena parte de su tiempo a pasearse por la fábrica saludando a los empleados y dándose a conocer personalmente. Memorizaba sus nombres y los de sus familiares. También se interesaba de verdad por sus vidas. Les escribía notas de agradecimiento por su trabajo extraordinario. Y cuando alguien de la empresa estaba pasando por momentos difíciles, le escribía personalmente para darle ánimos. Durante su mandato, envió más de 30.000 cartas de este tipo.

Para Conant, estos comportamientos no eran solamente estrategias para incrementar la productividad, sino que era un trabajo hecho con el corazón para apoyar a su gente.

Hacer menos y ser más

Gabrielle Thompson, subdirectora de Cisco, reconoce que, muchas veces, cuando un empleado va a verla para comentarle algún problema, simplemente está buscando una solución. Pero, en otras, la persona solo quiere que escuchen su problema. «Muchas situaciones solo exigen ser escuchadas, no necesitan ninguna acción concreta. A menudo, los problemas no necesitan soluciones, necesitan presencia y tiempo». Como líderes, tener la habilidad de estar totalmente presentes y escuchar con una mente abierta suele ser la forma más efectiva de solucionar los problemas.

Como líder, tu trabajo consiste en crear un espacio seguro para que la gente pueda airear sus frustraciones y procesar sus problemas. Gracias a la presencia consciente, te conviertes en un contenedor en el cual tu gente puede procesar sus problemas, sin que tú tengas que intervenir para solventar, arreglar, manipular o controlar la situación. La sola presencia puede ayudar a resolver la situación. Con este tipo de actitud, además de solventar el problema, crearás mayor conexión y compromiso.

La presencia personificada

Loren Shuster, director de recursos humanos de LEGO Group, nos explicó que cuando tenía reuniones o presentaciones importantes, dedicaba cinco minutos a conectar con su cuerpo. Se imaginaba que cada célula de su cuerpo cobraba vida. Nos explicó que «cuando no estás conectado a la tierra, cuando no estás conectado con tu cuerpo y con el entorno, no tienes la sensación de tener una dirección o un propósito. Simplemente flotas, y la más mínima distracción te saca del camino. Esta técnica de conexión me ayuda a aclarar mi mente, a recargar mi energía, a reforzar mis instintos y a calmar mis emociones».

Después de esta práctica de cinco minutos, es capaz de hablar y caminar de forma distinta. Con más carisma, con más aplomo y con más vigor. En consecuencia, está más presente tanto mental como físicamente con los que le rodean. Esta práctica le permite mostrarse sólido como una roca en las reuniones.

Cuando adoptamos esta nueva presencia, nuestra postura cambia. En lugar de estar encogidos y con los brazos cruzados, adoptamos una postura más equilibrada, más elevada y más receptiva. Una postura erguida y con los brazos abiertos.

Este cambio de postura influye en nuestra forma de pensar, de actuar y de comunicarnos. De la misma manera que podemos estimular cualidades como la confianza adoptando una actitud valiente, podemos favorecer cualidades como la sensibilización, la concentración, la inclusión y la compasión a través de una postura erguida y abierta.

Sentarse erguido con los brazos abiertos tiene un efecto positivo en la química de nuestro cerebro. Estimula nuestra capacidad para los procesos de pensamiento más elaborados. Nos da acceso a la sabiduría que proviene de tener una mayor conciencia, a la compasión que viene de una mayor receptividad y a la confianza que proviene de la energía de la alineación vertical.

RASMUS HOUGAARD es fundador y director general de Potential Project, una empresa de desarrollo organizacional y liderazgo que trabaja para Microsoft, Accenture, Cisco y otros cientos de empresas. **JACQUELINE CARTER** es socia y directora para Norteamérica de Potential Project. Hougaard y Carter son coautores de *La mente del líder: Cómo liderarte a ti mismo, a tu gente y a tu organización para obtener resultados extraordinarios* y de *One Second Ahead: Enhance Your Performance at Work with Mindfulness.*

Notas

1. Mark Horwitch y Meredith Whipple Callahan, «How Leaders Inspire: Cracking the Code», Bain & Company, 9 de junio de 2016, https://www.bain.com/insights/how-leaders-inspire-cracking-the-code.
2. Jochen Matthias REB, J, Narayanan y S. Chaturvedi, «Leading Mindfully: Two Studies of the Influence of Supervisor Trait Mindfulness on Employee Well-Being and Performance», *Mindfulness 5*, n.º 1 (2014): 36-45.

Adaptado del contenido publicado en hbr.org, 13 de diciembre, 2017 (producto #H042IC).

6

Aprende a escuchar mejor

Una entrevista de Sarah Green Carmichael
a Mark Goulston

Mark Goulston es psiquiatra y autor de varios libros, como *Just Listen: Discover the Secret to Getting Through to Absolutely Anyone*. En esta entrevista, reflexiona sobre cómo puedes mejorar tu capacidad de escuchar haciendo que tu interlocutor se «sienta sentido», y animándole a abrirse más profundamente.

Sarah Green Carmichael: *Cuando hablas de escuchar y ayudar a la gente a que escuche mejor, ¿lo estás enfocando desde una única perspectiva? ¿O contemplas diferentes enfoques?*

Mark Goulston: Hay cuatro niveles en la forma de hablar: *hablar a la ligera*, *hablar sin parar* (monólogo), *hablar a alguien* (comunicación unidireccional, generalmente entre personas de distinta jerarquía) o *hablar con alguien* (comunicación bidireccional, entre iguales). Son equivalentes a los cuatro niveles de escucha, y hay una correlación entre cada uno de ellos.

Lo que equivale a hablar *a la ligera* es lo que yo denomino *escucha ausente*. Es el tipo de escucha que haces cuando estás ocupado en otra cosa. Ahora bien, si eres una persona multitarea, y un poco temerario, es posible que cuando tu pareja o alguien intente atraer tu atención dejes a un lado tu iPad y repitas como un loro lo que te han dicho. Pero si además lo haces con una sonrisa en los labios, orgulloso de haberlo repetido perfectamente, es muy probable que pases la noche castigado. No hay ninguna duda, escuchar sin estar presente es una forma de escucha insultante.

Hablar *sin parar* es el segundo nivel, que se corresponde con la *escucha reactiva*. Ocurre cuando te pones a la defensiva, cuando todo lo que te dicen te resulta una ofensa, cuando todo te lo tomas como algo personal. Escuchar de esta forma es incómodo para cualquier conversación.

Cuando alguien habla *a alguien* para comunicarle algo, equivale a una forma de *escucha responsable*. Estás prestando atención de forma responsable en la conversación.

Pero la regla de oro —y lo es porque creo que necesitamos conectar mejor con el mundo y con nosotros mismos— es lo que yo denomino *atención* o *escucha receptiva*, que equivale a *hablar con* alguien. La diferencia entre escuchar o estar atento de forma *responsable* o de forma *receptiva* puede verse en este ejemplo: Si un niño muerto de frío llama a tu puerta y estás atento responsablemente dirías: «Oh, estabas fuera bajo la lluvia. Debes haber estado mucho tiempo, estás empapado». Esto sería una forma de atención o escucha responsable.

Pero si estás escuchando o prestando atención de forma receptiva, no sería necesario usar palabras, pero podrías decir, «Dios mío. Estás empapado hasta los huesos. Deja que te ponga ropa seca y encienda la calefacción».

¿Ves la diferencia entre la forma responsable y la receptiva de escuchar o de estar atento? Una de las cosas de las que hablo en mi libro *Just Listen* es la diferencia entre sentirse entendido, sentirse comprendido y sentirse sentido. ¿Empiezas a entender de qué va todo esto, verdad? Otra vez estoy hablando de la importancia de sentirse sentido.

Hay una anécdota de mi libro que suelo contar, trata de una reunión con un director general. Yo intentaba conseguir una cita con él, pero no era nada fácil. Era un tipo de complexión robusta, parecido a un jugador de fútbol americano. Cuando me reuní con él, enseguida me di cuenta de que lo último que quería era tener una conversación conmigo.

Pero como soy un poco osado, me senté a su lado. Desgraciadamente, no lograba atraer su atención.

Entonces —y esto solo puedes hacerlo si no trabajas para una empresa, porque probablemente te despedirían—, le dije: «¿Cuánto tiempo tienes para mí?». Me miró y me dijo: «¿Qué?». Y le dije: «Sí, consulta tu agenda. ¿Cuánto tiempo tienes para mí?». Sabía que tenía todos los números para que me echara.

Entonces me contestó: «20 minutos». Yo sabía que en realidad no disponía de más de 30 segundos para acabar de convencerle.

Tenía su atención, así que le dije: «Mira, quiero hablar contigo y necesito toda tu atención. No puedes prestármela porque tienes muchas cosas en la cabeza, sé que tienes otros asuntos que atender».

«Este es el trato. Dejémoslo por ahora. Dedica los siguientes 16 minutos a todo lo que está en tu cabeza y, cuando acabes, volvemos a empezar. O puedes decirle a tu ayudante que he sido un maleducado y no quieres volver a verme nunca más. Pero aprovecha estos 16 minutos, y ocúpate de todo aquello que tengas que hacer. Reemprenderemos nuestra conversación en otro momento. No es tan importante».

En ese momento, me miró y se puso a llorar. Y entonces me dije: Mark, prometiste que nunca harías llorar a ningún empresario mientras estuviera trabajando. Me refiero a que eres psiquiatra. ¿No puedes olvidarte de eso?

Sí, la conversación se intensificó rápidamente

Así es. Me miró y me dijo: «Sabes, hace tan solo tres minutos que me conoces y ya sabes mucho más de mí que la mayoría de la gente que tengo a mi lado, porque soy muy reservado. A mi mujer le están practicando una biopsia y la cosa no pinta bien».

«Mi mujer es más fuerte que yo y me dijo que fuera a trabajar. Y aquí estoy, pero, en realidad, no estoy».

Inmediatamente, cambié mi discurso descarado por uno más compasivo: «Lo siento muchísimo. Vete con ella. No estás para nada más. Llámala o ve con ella».

Fue sorprendente. Parecía un perro de Terranova volviendo a casa con el rabo entre las piernas. Encogió los hombros y suspiró profundamente. Se recompuso y me dijo: «Sabes, no soy tan fuerte como mi mujer, pero soy bastante fuerte. Fui un par de veces a Vietnam. Has conseguido atraer toda mi atención y los 20 minutos que querías de mi tiempo».

¿Qué quiero explicar con esta historia? Ese director se *sintió sentido*. Estaba en la oficina, solo con su problema, y no quería agobiar a su mujer. Y era el director general. No debería sorprenderte que no solo conseguí atraer su atención, sino que, además, mantenemos una buena amistad desde entonces.

Bien, y esto plantea una cuestión muy interesante. Todos hacemos lo que podemos por escuchar y prestar atención a estos diferentes niveles que has mencionado, pero esto no tiene ninguna importancia si la otra persona no se siente escuchada. Entonces, explícame qué podemos hacer para que la gente se sienta escuchada y sentida.

Cuando enseño a la gente a ser mejores oyentes —y trabajo con grandes empresas de consultoría sobre cómo convertir una conversación en una contratación—, siempre les digo que el objetivo principal de una primera reunión con un potencial cliente es conseguir una segunda reunión, que ellos mismos propondrán. Que no es necesario venderlo todo a la primera.

Conforme vayas haciendo preguntas, llegará un momento en que tu interlocutor te preguntará: «¿Y tú qué piensas?». Lo que yo recomiendo —aunque no en todos los casos— es que nunca respondas esa pregunta hasta que hayas conversado un rato. En lugar de eso, concéntrate en los siguientes cuatro elementos: la hipérbole, la inflexión, los adverbios y los adjetivos.

La hipérbole consiste en utilizar palabras como *impresionante, horrible* o *maravilloso*. La inflexión consiste en elevar el volumen de la voz. Fíjate también en los adverbios y los adjetivos, porque un adverbio es una forma de adornar un verbo: «Tenemos que hacer esto rápidamente». Y un adjetivo es la forma de adornar un nombre: «Esto es una oportunidad excelente». Debes estar atento a las palabras que se usan. Has de ser un observador de primera categoría.

Cuando eres capaz de detectar las hipérboles, las inflexiones, y el valor de los adverbios y los adjetivos, puedes profundizar en la conversación. Tienes la oportunidad de llevar ese diálogo a un nivel que tus competidores no pueden alcanzar.

De este modo, cuando tu interlocutor diga algo y te pregunte «¿Tú qué piensas?», responde: «Puedo decirte lo que pienso, pero antes explícame esos detalles», o «cuéntame más sobre esa excelente oportunidad». Entonces, si te encuentras delante de él, podrás observar cómo sus manos empiezan a gesticular de forma más expresiva.

Hay otro aspecto que aparece en mi libro *Just Listen*. Es lo que yo denomino *intensificadores de la conversación*. Esta frase es un claro ejemplo: «¿Puedes decir algo más sobre esto?». A continuación, una vez que tu interlocutor haya dicho lo que tenía que decir, puedes añadir otro intensificador: «¿De verdad?». Entonces, verás que incluso gesticula un poco más. «Sí, claro. Esto es fantástico. Si pudiéramos hacerlo, todo cambiaría».

Realmente, estos recursos permiten abrir la mente de tu interlocutor para que se muestre más receptivo y alcance un nivel más profundo de conversación. De esta forma, estará mucho más implicado en lo que dice. En realidad, lo estás ayudando a desahogarse, a sacarlo todo, tanto lo positivo como lo negativo. Pero, aun así, si te pregunta «¿Tú qué piensas?» —porque quiere saberlo de verdad—, respóndele: «Puedo decirte lo que pienso, pero antes me gustaría llevar esta conversación a la UCI».

Como soy médico, se me permiten hacer estos comentarios, pero tu interlocutor seguramente se preguntará qué quieres decir. Entonces, respóndele: «UCI son las siglas de algo *Urgente, Crítico* e *Importante*. Un asunto urgente debe resolverse esta misma semana; un asunto crítico, entre tres y seis meses; y uno importante, entre un año y dos. De los temas que hemos tratado, ¿cuáles son urgentes, críticos o importantes? ¿Tú qué opinas?».

Básicamente, lo que te permite esta estrategia es profundizar en todos los puntos de la conversación. Es posible que los temas salgan de forma desordenada —porque así lo has querido—, pero has brindado la oportunidad a tu interlocutor de concentrarse en los temas y priorizarlos. Y lo que te interesa son los temas urgentes.

¿Este es el modo de descubrir todos los detalles de una conversación? Si estuviera hablando con un consultor, en este momento me diría: «Bien, ¿tú qué opinas? Yo ya he expuesto todo lo que considero importante, crítico y urgente».

Pero, incluso ahora, le contestaría: «Sabes que ahora podría darte una respuesta. Pero sería B, B + respuesta. Has compartido conmigo cosas que son importantes, críticas y urgentes, y esta sería mi mejor respuesta en relación con lo que me has comentado. Pero me gustaría dedicar un día o dos a pensar en lo que hemos hablado para darte una respuesta mejor. ¿Qué quiero decir? Pues, te pregunto qué urgencia tiene lo que me has contado y cuánto interés tienes en que te ofrezca mi mejor respuesta. ¿Qué te parece?»

En ese momento, lo que quieres que respondan es: «Es urgente y necesito cuanto antes tu mejor respuesta». Entonces, en lugar de dejarnos llevar por los nervios e intentar demostrar lo inteligentes que somos, vuelves a dejar que tomen ellos la iniciativa. A veces, en una conversación, cuando impresionamos a nuestros interlocutores con todos nuestros recursos, se rompe la conexión y desconectan. Tras haberles impresionado con toda nuestra inteligencia, les preguntamos: «Bien, ¿qué hacemos a continuación? ¿Tienes alguna otra pregunta?». Para entonces, ya lo hemos perdido, ya no tenemos su atención.

¿Puedes hacerte una idea de cómo funciona? Es casi como darle un enfoque quirúrgico a una conversación.

Es curioso porque creo que empezamos hablando de escuchar. Y tenía la idea de que escuchar era contener tus sentimientos y cualquier distracción para poder estar totalmente presente. Pero, de hecho, hemos acabado hablando de hacer que las otras personas hablen, que compartan contigo la información que tienen en la cabeza, pero que no habían revelado antes.

Totalmente cierto. La clave se encuentra en conseguir que la gente hable de lo que es más importante, crítico y urgente para ella. Creo que estamos en un mundo en el que la gente quiere comprar, pero nadie quiere ser vendido. La gente no quiere que la convenzan. Y tampoco quiere convencer.

MARK GOULSTON, MD, FAPA, es psiquiatra, asesor ejecutivo, orador, consejero delegado y fundador de Goulston Group. Es autor de *Talking to «Crazy»: How to Deal with the Irrational and Impossible People in Your Life* y de *Just Listen: Discover the Secret of Getting Through to Absolutely Anyone.* También es coautor de *Real Influence: Persuade Without Pushing and Gain Without Giving In.* Síguelo en Twitter en @markgoulston. **SARAH GREEN CARMICHAEL** fue editora ejecutiva de la Harvard Business Review. Síguela en Twitter en @skgreen.

Adaptado de «Become a Better Listener» de
HBR IdeaCast (podcast), 13 de agosto, 2015.

7

Para cambiar la mentalidad de alguien, deja de hablar y escucha

Nilofer Merchant

amar Minallah Khan, la antropóloga y cineasta feminista pakistaní, estaba furiosa. Los líderes de una tribu local estaban comerciando con niñas para compensar los crímenes que habían cometido los miembros masculinos de sus familias.

Estos líderes, responsables de resolver las disputas legales en sus comunidades actuaban como jueces locales. Una de las prácticas más comunes consistía en «compensar» a las familias agraviadas con una hija de la familia que había cometido el delito. Entonces, el padre, el tío o el responsable del delito quedaba «libre» y el pueblo consideraba que el asunto estaba «resuelto». Samar pensaba que esta tradición, denominada *swara*, era horrible: afectaba para siempre la vida de la niña, a pesar de que no había cometido ninguna falta. Aunque Samar estaba furiosa, sabía que la ira no era el camino para lograr el resultado que quería.

Por eso, probó otra cosa. En primer lugar, escuchó. Escuchó cómo los líderes (masculinos) religiosos explicaban la costumbre de la *swara* y sus beneficios, y les preguntó cómo habría interpretado esta tradición el profeta Mahoma. Además, también escuchó a los padres y a los tíos que permitían que sus crímenes fueran expiados de esta manera. Y escuchando, Samar aprendió tanto que consiguió superar una diferencia abismal que parecía insuperable.

Samar había supuesto que los padres, cuyos crímenes eran perdonados de esta manera, estaban satisfechos por permitir que sus hijas pagasen por sus faltas, pero cuando los escuchó, vio que no era así. Ellos querían que fuera de otra manera. Se enteró de que los líderes locales eran los que más valoraban esta tradición. También escuchó que los eruditos religiosos musulmanes aseguraban que la *swara* era una forma de «responsabilidad subsidiaria» que no está permitida por el islam. Y finalmente, escuchó que si bien en el pasado las disputas también se resolvían enviando a una niña a la familia agraviada, la niña no se quedaba allí para siempre. Más bien al contrario, una vez la joven entregaba los regalos que portaba con ella, regresaba de vuelta a la casa de sus padres. Samar grabó todo esto.

Convocó a las comunidades locales para que vieran estos vídeos y debatieran esa tradición y sus implicaciones. Uno a uno, los líderes de las tribus locales fueron cambiando de opinión sobre lo que consideraban que era la verdadera justicia. Decidieron que la *swara* podía ser sustituida por una compensación económica. Samar no generó este cambio vendiendo *su* idea, sino que creó un método para que todos llegaran juntos a esa nueva idea.

Lo que Samar hizo fue pedir a la gente que compartiera sus ideas, sin intentar convencerla de las suyas.

En realidad, esta historia, más que un consejo práctico para los líderes empresariales, parece el guion de una película, pero creo que es necesario explicarla.

El otro día, me acordé del caso de Samar durante una terrible, pero no poco frecuente reunión. Un líder pidió a treinta de sus mejores y más inteligentes colaboradores que se reunieran para conocer sus ideas sobre lo que él consideraba que era un problema de *marketing*. Pero la reunión estaba discñada de tal manera que no iba a servir para mucho: la agenda constaba de tres horas de presentaciones, y de unos 15 minutos de preguntas y respuestas (y eso si ninguna presentación se alargaba más de la cuenta).

Me quedé con la impresión de que, en realidad, no tenía ninguna intención de escuchar a sus colaboradores, que lo que quería era convencerles de su idea para que repitieran su mensaje y solucionaran ese problema de *marketing* por él. En consecuencia, salí de la reunión sin estar convencido de qué es lo que tenía que hacer.

Aunque este sistema es poco efectivo, es bastante común en cualquier situación donde una parte intenta convencer de un cambio a la otra, ya sea en una empresa, en un debate político o en una acalorada reunión familiar. *Identificar cuáles son los puntos claves que podrían convencerlos. Buscar información convincente. Compartirla con entusiasmo. Contrastrar sus datos con los tuyos.*

Pero esta no es la forma de crear un cambio duradero. La mejor forma de influir en los demás no consiste en explicarles *tus* ideas, sino en llegar a ellas de manera consensuada. Escuchar es la herramienta clave para compartir las ideas, para modificarlas según la situación y para crear el tipo de propiedad compartida que es necesaria para que cualquier idea se haga realidad.

La próxima vez que tengas que ir a una reunión para tomar una decisión importante o para discutir un asunto relevante, intenta hacer el siguiente ejercicio que utilizo para preparar los talleres de trabajo que dirijo sobre innovación y liderazgo:

Busca una ficha o una hoja de papel (incluso una servilleta). En un lado, escribe las ideas clave que podrían ser útiles. Digo «podrían» porque, seguramente, conforme avance la reunión se irán modificando. En el otro lado, escribe las preguntas que quieres hacer y las cosas que esperas aprender.

Por ejemplo, en la última conferencia del Drucker Forum, en Viena, me invitaron para hablar sobre «el poder de innovar» en una mesa redonda formada por John Hagel, Julia Kirby y Hal Gregersen. Antes de que comenzara nuestra sesión, apunté una serie de preguntas en el reverso de una ficha:

- ¿Por qué asisten estos directivos a nuestra sesión? ¿Cuál es su motivación?

- ¿Cuál es el problema principal del «poder de innovar» en las firmas? ¿En qué se podría concretar *específicamente*?

- ¿Creen que tienen suficientes ideas, demasiadas ideas o ideas sin utilidad?

- Para ellos, ¿la innovación es un problema de selección de ideas, de conexión o ejecución del mercado o de algo más?

- ¿Puede discutirse la «innovación» en términos generales —sin un contexto específico— y ser útil?

- ¿A quién o a qué conjunto de ideas están escuchando para saber qué es la innovación? ¿Qué les falta o por qué este conjunto de ideas no está funcionando?

Durante la sesión, no tuve tiempo de hacerles todas estas preguntas, pero el hecho de haberlas escrito significaba que estaba *preparado* para entender y escuchar sus motivaciones, sus necesidades y sus emociones. Elaborar una lista de preguntas te ayudará a prepararte para escuchar atentamente lo que está ocurriendo.

Muchos de nosotros no lo hacemos. Muchos de nosotros, en lugar de escuchar para aprender, únicamente lo hacemos para conocer los puntos de acuerdo o de desacuerdo, o para anticipar nuestras respuestas. Pero cuando lo hacemos, no estamos escuchando de verdad a la otra persona, sino que, simplemente, estamos esperando nuestro turno para hablar.

Escuchar significa prestar atención. Escuchar consiste en ir más allá de nuestros propios intereses. Significa querer saber más y preocuparse por los intereses de los demás. Quiere decir no limitarse a escuchar palabras, sino prestar atención a las necesidades latentes y a los marcos de referencia.

¿Qué es lo que nos impide ser buenos oyentes? Seguramente pensamos que, si nos centramos en escuchar, no promocionaremos nuestras propias ideas ni su relevancia. Tememos estar dejando de lado nuestras convicciones.

Se trata de tener más fe en nosotros mismo. Y en los demás.

NILOFER MERCHANT ha lanzado personalmente cien pro-
ductos con unos beneficios de dieciocho mil millones de dólares y ha participado en juntas directivas públicas y privadas.
Actualmente, da conferencias en Stanford, da charlas por todo
el mundo y ha sido reconocida como una de las pensadoras
empresariales más influyentes del mundo por Thinkers50. Su
último libro es *The Power of Onlyness: Make Your Wild Ideas
Mighty Enough to Dent the World.*

Adaptado del contenido publicado en hbr.org,
6 de febrero de 2018 (producto #H044YR).

8

Apacigua las conversaciones con una gran carga emocional

Ron Friedman

Con cualquier persona con la que trabajes durante cierto tiempo, tendrás diferencias de opinión. En la mayoría de los casos, estas se resuelven de forma amigable. Pero, en ocasiones, te ves inmerso en conversaciones donde la carga emocional es tan grande que no se corresponde con los asuntos que, supuestamente, estás tratando.

¿Qué debes hacer cuando una conversación está fuera de control? ¿Qué puedes hacer si lo has intentado todo y la otra persona no cambia de opinión? ¿Cómo puedes reconducir la situación?

Anthony Suchman ha invertido gran parte de su carrera en buscar una respuesta a estas preguntas.

Como médico, Suchman ha estado estudiando la dinámica de las relaciones humanas durante más de tres décadas y ha publicado sus resultados en algunas de las revistas médicas más importantes del mundo[1].

Según Suchman, cualquier conversación en el entorno laboral actúa en dos canales distintos: el canal de las tareas y el canal de las relaciones. Cuando estos dos canales se confunden, entonces, aparecen los problemas y se rompe la colaboración.

Por ejemplo, supongamos que tú y yo estamos trabajando en un mismo proyecto. En un momento dado, surge una discrepancia sobre el próximo paso que debemos tomar. Yo opino que deberíamos utilizar un PowerPoint para hacer una presentación importante, y tú consideras que el PowerPoint es una herramienta de comunicación poco relevante. Cuando expreso mi punto de vista, probablemente pienses: «Mmm, parece que Ron no lo ve como yo». Pero si llevamos poco tiempo trabajando juntos, o si ya hemos discrepado en el pasado, es probable que vayas más allá y utilices mi propuesta para extraer conclusiones sobre nuestra relación. Por ejemplo, es posible que malinterpretes mi sugerencia como una falta de confianza, una falta de respeto o incluso un desafío.

Según Suchman, es en este momento cuando nuestro descuerdo laboral empieza a contaminarse con las dudas sobre nuestra relación. Y cuando esto ocurre, todo tiende empeorar.

Neurológicamente, lo que Suchman describe es la activación de la respuesta del miedo. Cuando percibimos el peligro, nuestro hipotálamo envía una señal que libera adrenalina y cortisol a la corriente sanguínea. Esto provoca una respuesta de lucha o huida que hace que nuestro cuerpo se descontrole, cortocircuitando nuestra habilidad de concentrarnos o de pensar creativamente. Entramos en lo que se denomina la visión de túnel.

En nuestro pasado evolutivo, responder al miedo con una reacción automática fue muy útil. Nos protegía de los depredadores y nos permitía vivir lo suficiente como para reproducirnos. Pero en el actual entorno laboral, una respuesta de miedo involuntaria interfiere con nuestra habilidad de trabajar en equipo. Es por esto por lo que cuanto mayor es la carga emocional, más difícil nos resulta escuchar.

Para distender una situación emocionalmente delicada como esta, Suchman considera que lo primero que hay que hacer es desenredar los canales de las tareas y de las relaciones. «Cuando la gente no está de acuerdo, suele ser porque una parte interpreta el *feedback* que ha recibido como un ataque personal», dice. «Eso se convierte en: "Si te gusta mi idea, te gusto yo", y "si no te gusta mi idea, no te gusto". Ese razonamiento supone un gran obstáculo para el canal de las tareas e impide hablar abiertamente».

Según Suchman, nuestra capacidad mental es limitada, lo cual quiere decir que solo podemos atender al canal de la tarea o al canal de la relación. Cuando los dos canales se cruzan es cuando se ve afectada nuestra habilidad de colaborar constructivamente. Un enfoque para disminuir las tensiones durante los desacuerdos consiste en prestar atención deliberadamente al canal de la relación y reafirmar nuestro compromiso con ella. De esta forma, evitaremos las confusiones sobre cuál es el motivo verdadero de la discusión. Si nos enfocamos por un instante en la relación, conseguiremos separar lo personal de lo profesional.

Suchman recomienda utilizar una serie específica de frases que refuerzan las relaciones para hacer que las conversaciones sean más productivas. Estas frases se representan con el acrónimo PEARLS (del inglés: *partnership, empathy, acknowledgment, respect, legitimation, support*):

Colaboración

- «De verdad quiero trabajar en esto contigo».

- «Estoy seguro de que podemos hacerlo juntos».

Empatía

- «Siento tu entusiasmo cuando hablas».

- «Entiendo tu preocupación».

Reconocimiento

- «Has trabajo mucho en esto».

- «Está claro que has invertido mucho en esto».

Respeto

- «Siempre he apreciado tu creatividad».

- «No hay duda de que sabes mucho sobre esto».

Legitimación

- «Esto será duro para todos».

- «¿Quién no estaría preocupado por algo como esto?».

Apoyo

- «Me gustaría ayudarte con esto».

- «Quiero que tengas éxito».

Es posible que cuando empieces a utilizar estas frases te sientas extraño, sobre todo si no estás acostumbrado a halagar a los demás. A mí también me ocurrió cuando empecé a utilizarlas en el trabajo. Descubrí que la clave estaba en utilizarlas con moderación y solamente en los casos que reflejaban de verdad lo que sentía.

Casi inmediatamente, te darás cuenta de que insertar una frase PEARLS en el momento oportuno cambia significativamente el tono de la conversación. Porque por muy alto que estemos en la jerarquía organizacional, siempre tendremos la tendencia a utilizar nuestro cerebro emocional. Cuando el miedo entra en la ecuación, jamás conseguiremos que la gente dé lo mejor de sí en el trabajo, y es por esto que restaurar la confianza en la relación es una herramienta muy valiosa.

El valor de estas frases para reforzar las relaciones tiene aplicaciones más allá del entorno laboral. También son efectivas con nuestra pareja, con nuestros hijos y con nuestros amigos. La razón es sencilla: siempre que te preocupes por la necesidad psicológica que tiene la gente de relacionarse, tienes la posibilidad de mejorar la calidad de un intercambio. Cuanto más acalorada sea la discusión, más necesarias son estas frases.

RON FRIEDMAN, PhD, es doctor y un reconocido psicólogo. Es fundador de ignite80, una empresa que enseña a los líderes estrategias prácticas y basadas en la evidencia para trabajar mejor y crear organizaciones prósperas. Es autor de *The Best Place to Work: The Art and Science of Creating an Extraordinary Workplace*, y suele hacer conferencias y talleres de trabajo sobre la ciencia de la excelencia en el trabajo.

Nota

1. Anthony L. Suchman, «A New Theoretical Foundation for Relationship-Centered Care», *Journal of General Internal Medicine 21*, n.º 1 (2006): S40-S44.

Adaptado del contenido publicado en hbr.org,
12 de enero de 2016 (producto #H02LNI).

9

El poder de escuchar para ayudar a la gente a cambiar

Guy Itzchakov y Avraham N. (Avi) Kluger

Dar *feedback* sobre el rendimiento es una de las formas más habituales que utilizan los directivos para ayudar a sus empleados a aprender y a mejorar. Pero los estudios revelan que también puede perjudicar el rendimiento: hace más de 20 años, uno de nosotros (Avraham) analizó 607 experimentos sobre la eficacia del *feedback*, y descubrió que provocaba una disminución del rendimiento en el 38 % de los casos[1]. Esto ocurría tanto con el *feedback* positivo como con el negativo, sobre todo cuando este ponía en duda la imagen que la gente tenía de sí misma.

Un motivo por el que a veces el *feedback* fracasa (incluso cuando es positivo) es que hace evidente que quien manda y juzga es el jefe. Esto puede hacer que los empleados se estresen y se pongan a la defensiva, lo que les dificulta ver de forma objetiva otras perspectivas. Por ejemplo, los empleados pueden lidiar con el *feedback* negativo subestimando la importancia de la persona que lo ofrece o el *feedback* en sí mismo. Incluso, pueden hacer cambios en sus redes sociales para evitar coincidir con la persona origen del *feedback* negativo, y restaurar así su autoestima[2]. En otras palabras, los empleados se defienden afianzando sus actitudes contra la persona que les da el *feedback*.

Fue por ese motivo que quisimos explorar si a través de una intervención más sutil, a saber, hacer preguntas y escuchar, podrían prevenirse estas consecuencias. Si el objetivo del *feedback* es hacer entender a los empleados que necesitan cambiar, escuchándoles y haciéndoles preguntas quizá sea la manera de

¿QUÉ ES LO QUE DA PODER A LA ACCIÓN DE ESCUCHAR?

El psicólogo Carl Rogers, en su famoso artículo de 1952 titulado «Barriers and Gateways to Communication», defendía la idea de que escuchar es un medio para el cambio personal. Rogers teorizaba que, cuando los que hablan sienten que sus interlocutores están siendo empáticos, atentos y no juzgan, se relajan y comparten sus sentimientos más íntimos sin preocuparse por lo que sus interlocutores piensen de ellos. Esta sensación de seguridad les permite profundizar más en su conciencia y descubrir nuevas perspectivas sobre sí mismos, a pesar de que pueden desafiar sus creencias o percepciones.

Por ejemplo, imaginemos a un empleado que cree que siempre respeta los sentimientos de sus compañeros y de sus clientes. Si alguien le dice que no es verdad, seguramente, querrá proteger la imagen que

(Continúa)

¿QUÉ ES LO QUE DA PODER A LA ACCIÓN DE ESCUCHAR?

tiene de sí mismo y quitará valor a la opinión de la otra persona. En cambio, si alguien le pide que describa sus interacciones con sus compañeros de trabajo y le escucha atentamente mientras le anima a profundizar de vez en cuando, el empleado se sentirá más seguro y se abrirá mucho más que de la otra manera. Será capaz de reconocer incidentes en los que fue irrespetuoso con los clientes o se enfadó con sus compañeros, y estará dispuesto a comentar esos incidentes y a buscar la manera de cambiar.

---

promover en ellos un cambio voluntario.En un informe reciente, demostramos consistentemente que escuchar de una forma atenta, empática y sin juzgar es capaz de influir positivamente en las emociones y en las actitudes de los que hablan[3].

Por ejemplo, en un experimento de laboratorio, pedimos a 112 estudiantes universitarios que se distribuyeran por parejas, y cada uno eligiera un papel: hablar o escuchar. A los que eligieron hablar, les pedimos que hablaran durante 10 minutos de lo que pensaban con respecto a una propuesta de un salario básico universal, y a los que escuchaban que «lo hicieran como lo hacen cuando escuchan en su mejor momento». Durante el experimento, seleccionamos al azar un número de oyentes, y los distraíamos mandándoles mensajes de texto (por ejemplo: «¿Qué acontecimiento reciente te ha irritado más?»), pidiéndoles que contestaran brevemente a nuestro mensaje para que su interlocutor se diera cuenta de que estaban distraídos. Una vez terminado el experimento, les preguntamos a los que habían hablado si les preocupaba lo que su compañero pensaba de ellos, si se les había ocurrido alguna idea mientras hablaban o si estaban seguros de lo que pensaban.

Entonces, descubrimos que los oradores que estaban emparejados con buenos oyentes (en comparación con aquellos que se distraían) experimentaron menos ansiedad, fueron más conscientes de sí mismos y expresaron con más claridad su opinión. Además, también aseguraron que les gustaría *compartir* su punto de vista con más gente que aquellos que estaban emparejados con oyentes que se distraían.

Otro beneficio de saber escuchar es que te permite observar las dos partes de una discusión (lo que nosotros denominamos «complejidad de la actitud»). En otro informe descubrimos que los que hablan con buenos oyentes presentan unas actitudes más elaboradas y menos extremas, es decir, menos sesgadas[4].

En otro experimento de laboratorio, pedimos a 114 estudiantes de una escuela de negocios que hablaran durante 12 minutos sobre su aptitud para ser directores en el futuro. Aleatoriamente, los asignamos a tres grupos de oyentes distintos (oyentes buenos, moderados y malos). Los que estaban en el grupo de buenos oyentes hablaban con un interlocutor entrenado que, o bien era un *coach* especializado en empresa, o bien un estudiante formado en trabajos sociales. Pedimos a estos interlocutores que utilizaran todas sus habilidades para escuchar, como, por ejemplo, hacer preguntas y reflejar sus pensamientos. Los que hablaban en el grupo de oyentes moderados lo hacían con otro estudiante universitario que había sido instruido para que escuchara receptivamente. Y los que estaban en el grupo de malos oyentes hablaban con un estudiante del departamento de teatro al que se le había instruido para que actuara de forma distraída (por ejemplo, mirando a otro sitio o jugando con su móvil).

Después de la conversación, pedimos a los participantes que indicaran por separado hasta qué punto creían que eran idóneos para ocupar un puesto de dirección. En función de estas respuestas, analizamos la complejidad de sus actitudes (es decir, si eran conscientes de sus puntos fuertes y débiles, o si solo veían una parte). Descubrimos que los que habían hablado con buenos oyentes distinguían tanto los puntos fuertes como los débiles. En cambio, los que habían hablado con los oyentes menos dispuestos, tenían opiniones mucho más subjetivas, es decir, defendían sus puntos fuertes, pero apenas reconocían los débiles. Es sorprendente que los participantes que hablaron con los oyentes distraídos fueran los que se sentían más capacitados para ser directores.

Corroboramos los resultados de estos descubrimientos con tres estudios de campo que se realizaron a un grupo funcionarios, a unos trabajadores del sector tecnológico y a un grupo de profesores (180 trabajadores en total)[5]. En estos estudios, pedimos a los participantes que hablaran antes y después de participar en un *círculo de escucha*, y que lo hiciesen exponiendo algo acerca de sus compañeros, de sus supervisores o de alguna experiencia relevante en el trabajo. En este círculo de escucha, a los empleados se les invitaba a hablar abierta y honestamente sobre un tema —como por ejemplo, una experiencia laboral—, y se les enseñaba a escuchar sin interrumpir y a respetar el turno de palabra.

Finalmente, llegamos a las mismas conclusiones que en el estudio realizado en el laboratorio. Por ejemplo, los empleados que participaron en los círculos de escucha mostraron menos ansiedad social y actitudes más complejas y no tan extremas que los empleados que participaron en una de las situaciones de control en las que no intervinieron oyentes entrenados.

En general, los resultados de nuestros estudios indican que la capacidad de escuchar bien hace que el empleado se relaje, sea más consciente de sus capacidades y de sus debilidades, y esté más dispuesto a elaborar sus argumentos de manera más sincera, sin ponerse a la defensiva. Esto, a su vez, promociona la colaboración entre compañeros (más que la competición) porque los empleados están más interesados en compartir sus puntos de vista y no tanto en intentar persuadir a los demás para que los adopten.

En absoluto, estamos diciendo que escuchar sea un sustitutivo de dar *feedback*. Pero los resultados parecen indicar que escuchar a los empleados cuando hablan de sus experiencias hace que el *feedback* sea más productivo porque les ayuda a sentirse psicológicamente seguros y no recurren a actitudes defensivas[6].

Saber escuchar tiene sus enemigos

Nuestros resultados apoyan la evidencia de que los directivos que saben escuchar son considerados como líderes, generan más confianza, infunden una mayor satisfacción en el trabajo e incrementan la creatividad de sus equipos[7]. Pero, si saber escuchar es tan beneficioso para los empleados y para las organizaciones, ¿por qué no es tan común? ¿Por qué no se escucha a los empleados como ellos quieren? Los estudios demuestran que hay ciertas barreras que se interponen:

1. *La pérdida de poder.* Los estudios realizados por nuestro equipo han comprobado que algunos directivos consideran que escuchar a sus empleados es un signo de debilidad[8]. Paradójicamente, se ha demostrado que si sabes escuchar bien aumentas tu prestigio. Así pues, parece que los directivos deben conseguir llegar a un equilibrio entre la obtención de un estatus basado en la intimidación y la obtención de un estatus basado en la admiración.

2. *Escuchar requiere tiempo y esfuerzo.* Generalmente, los directivos escuchan a sus empleados cuando tienen prisa o cuando están distraídos en otras cosas. Escuchar es una inversión: los directivos deberían dedicarle tiempo para lograr futuros beneficios.

3. *El miedo al cambio.* Saber escuchar es arriesgado porque implica observar sin juicos de valor el punto de vista del que habla. Este

proceso podría cambiar las actitudes o percepciones del que escucha. En varias ocasiones hemos visto que los directivos, cuando los entrenábamos para escuchar bien, aprendían cosas muy importantes sobre sus empleados; la mayoría se quedaban sorprendidos al ver lo poco que sabían sobre la vida de las personas con las que llevaban años trabajando.

Por ejemplo, varios directivos dijeron que cuando escucharon a los empleados que consideraban que no estaban comprometidos con la empresa, en ocasiones descubrieron que estos estaban sufriendo serios problemas con algún familiar (una mujer que estaba muriendo de cáncer o un hermano con alguna enfermedad mental). Este conocimiento amenazaba las actitudes y visiones que los directivos tenían sobre sí mismos —una experiencia psicológica denominada disonancia cognitiva, que puede resultar poco grata—.

Consejos para escuchar mejor

La acción de escuchar es como un músculo: requiere entrenamiento, persistencia, esfuerzo y la voluntad de querer mejorar. Precisa limpiar la mente de todos los ruidos internos y externos —y si esto no es posible, posponer la conversación hasta que se pueda escuchar sin ninguna distracción—. Estos son algunos ejercicios:

Dedica el 100 % de tu atención, o no escuches. Deja a un lado el teléfono, la tablet o el ordenador, y mira a la persona que habla, aunque ella no lo haga. En una conversación normal, el que habla mira a su interlocutor de vez en cuando para comprobar que le está escuchando. El contacto visual constante indica a la persona que habla que la estás escuchando.

No interrumpas. Resiste la necesidad de interrumpir hasta que la persona que habla te indique que ha terminado de hacerlo. En nuestro taller de trabajo, damos a los directivos la siguiente instrucción: «Ve a ver a alguien de tu trabajo a quien te cueste escuchar. Hazle saber que estás aprendiendo y practicando tu habilidad de escuchar y que hoy le escucharás atentamente durante X minutos (pueden ser 3, 5 o incluso 10 minutos). Evita interrumpirle hasta que haya pasado ese tiempo o incluso hasta el día siguiente».

Los directivos suelen sorprenderse de sus descubrimientos. Uno nos dijo, «En seis minutos hemos conseguido hablar de algo que normalmente nos habría llevado una hora». Otro nos dijo, «La otra persona me dijo cosas que yo le había impedido contar durante 18 años».

No juzgues ni evalúes. Escucha sin sacar conclusiones ni interpretar lo que escuchas. Es probable que pienses en tus juicios de valor, pero no les hagas caso. Si ves que has perdido el hilo de la conversación por culpa de ellos, discúlpate y explícale al que habla que tu mente se ha distraído y pídele que te lo repita. No finjas.

No impongas tus soluciones. El papel del que escucha consiste en ayudar a que su interlocutor llegue a la solución por sí mismo. Por lo tanto, cuando estés escuchando a un compañero o a un empleado, evita sugerirle soluciones. Si crees que tienes una buena solución, y sientes la necesidad de compartirla, proponla como si fuera una pregunta, por ejemplo, «Me pregunto qué pasaría si decidieras hacer X».

Haz más (y mejores) preguntas. Los que saben escuchar modelan las conversaciones haciendo preguntas que benefician al que habla[9]. Saber escuchar implica reconocer qué tipo de ayuda necesita la persona que habla y elaborar una pregunta que pueda ayudarle a encontrar una respuesta. Haz preguntas que ayuden a tu interlocutor a profundizar en sus pensamientos y experiencias.

Antes de formular una pregunta, piensa, «¿Esta pregunta pretende beneficiar al que habla o satisfacer mi curiosidad?». Evidentemente, ambas opciones son posibles, pero un buen oyente prioriza las necesidades del otro. Una de las mejores preguntas que puedes hacer es: «¿Hay algo más?». Esta pregunta suele suscitar información nueva y oportunidades inesperadas.

Reflexiona. Cuando hayas terminado una conversación, reflexiona sobre cómo has escuchado y piensa en las oportunidades que has perdido —momentos en los que has ignorado posibles pistas o te has quedado en silencio cuando podías haber hecho más preguntas—. Si tienes la sensación de haber escuchado perfectamente piensa en qué has ganado y en cómo puedes aplicar esta forma de escuchar en otras circunstancias más comprometedoras.

GUY ITZCHAKOV es profesor de la Facultad de Administración de Empresas de Ono Academic College. Se doctoró en la Universidad Hebrea de Jerusalén en el año 2017. Sus estudios se basan en la teoría de Carl Rogers y se centran en cómo escuchar atentamente y sin juicios facilita el cambio de las emociones y cogniciones del que habla. Sus estudios se han publicado en el *Personality and Social Psychology Bulletin*, en el *European Journal of Work and Organizational Psychology* y en el *Journal of Experimental Social Psychology*. AVRAHAM N. (AVI) KLUGER es profesor de comportamiento organizacional en la escuela de negocios de la Universidad Hebrea de Jerusalén. Ha estudiado los efectos destructivos del *feedback* del rendimiento durante más de 20 años. En sus metaanálisis continuados sobre la capacidad de escuchar, ha descubierto que los buenos oyentes son mejores trabajadores y son mejores líderes. Para más información sobre su estudio, visita su web avikluger.wixsite.com/avi-kluger.

Notas

1. Avrahan N. Kluger y Angelo DeNisi, «The Effects of Feedback Interventions on Performance: A Historical Review, a Meta-Analysis, and a Preliminary Feedback Intervention Theory», *Psychological Bulletin* 119, n.º 2 (1996): 254-284.
2. Paul Green Jr., Francesca Gino, Bradley Staats, «Shopping for Confirmation: How Disconfirming Feedback Shapes Social Networks», documento 18-028, Harvard Business School, 2017, https://www.hbs.edu/faculty/Publication%20Files/18-028_5efa4295-edc1-4fac-bef5-0111064c9e08.pdf.

3. Guy Itzchakov et. al., «The Listener Sets the Tone: High-Quality Listening Increases Attitude Clarity and Behavior-Intention Consequences», *Personality and Social Psychollogy Bulletin* 44, n.º 5 (2018): 762-778.

4. Guy Itzchakov, Avraham N. Kluger, Dotan R. Castro, «I Am Aware of My Inconsistencies but Can Tolerate Them: The Effect of High-Quality Listening on Speakers'Attitude Ambivalence», *Personality and Social Psychollogy Bulletin* 43, n.º 1 (2016): 105-120.

5. Liora Lipetz, Avrahan N. Kluger y Grahan D. Bodie, «Listening Is Listening Is Listening: Employees'Perception of Listening as a Holistic Phenomenon», *Internacional Journal of Listening* (2018): 1-26.

6. Marie-Hélène Budworth, Gary P. Latham, Laxmikant Manroop, «Looking Forward to Performance Improvement: A Field Test of the Feedforward Interview for Performance Management», *Human Resource Management* 54, n.º 1 (2015): 45-54.

7. Avrahan N. Kluger y Keren Zaidel, «Are Listeners Perceived as Leaders?» *International Journal of Listening* 27, n.º 2 (2013): 73.84; Mary Stine, Teresa Thompson y Louis Cusella, «The Impact of Organizational Structure and Supervisory Listenint Indicators on Subordinate Support, Trust, Instrinsic Motivaction, and Performance», *International Journal of Listening 9*, 1995, n.º 1 (2012): 84-105; V. Tellis-Nayak, «A Person-Centered Workplace: The Foundation for Person-Centered Caregiving in Long-Term Care», Jour*nal of the American Medical Directors Associa-*

tion 8, n.º 2 (2007): 46-54; y Dotan R. Castro et al., «Mere-Listening Effect on Creativity and the Mediating Role of Psychological Safety», *Psychology of Aesthetics, Creativity and the Arts*, 17 de mayo, 2018.

8. Anat Hurwitz y Avrahan N. Kluger, «The Power of Listeners: How Listeners Transform Satatus and Co-Create Power», *Academy of Management Proceedings* 2017, n.º 1 (2017).

9. Niels Van Quaquebeke y Will Felps, «Respectful Inquiry: A Motivational Account of Leading Through Asking Questions and Listening», *Academy of Management Review* 43, n.º 1 (2016).

Adaptado del contenido publicado en hbr.org,
17 de mayo de 2018 (producto #H04C0H).

10

Cuando eres la persona con quien tus compañeros se desahogan

Sandra L. Robinson y Kira Schabram

D ivani (no es su nombre real) es una analista experimentada de una importante empresa de telecomunicaciones. Está orgullosa de considerarse una persona «que siempre tiene el ánimo alto». Como ella dice: «Siempre he sido la persona a la que la gente acude cuando necesita ayuda... Sé escuchar bien, me gusta escuchar, me gusta ayudar». Pero un año antes de conocernos, su empresa estaba aplicando una iniciativa de cambio determinante: «Tenía mucho trabajo y muchos compañeros se apoyaban en mí para que les ayudara, les aconsejara o les consolara. Me resultaba muy difícil hacer mi trabajo y estar ahí para mis compañeros. Tenía mucho estrés y estaba a punto de quemarme». También nos contó que los domingos por la noche se deprimía, que cada vez estaba más enojada y era más cínica, y que tenía problemas para dormir porque no podía «desconectar del trabajo». Volvió a fumar después de cuatro años, y dejó de hacer ejercicio.

Divani es el ejemplo de lo que Peter Frost (profesor de conducta organizacional) y uno de nosotros (Sandra) denominan un *toxic handler* (un gestor de situaciones tóxicas), es decir, alguien que voluntariamente asume la tristeza, la frustración, la amargura y la ira endémicas de la vida organizacional. Los *toxic handlers* se encuentran en cualquier nivel de la organización, pero, particularmente, en las funciones que abarcan a grupos distintos, y no solo en los puestos directivos. Su trabajo es difícil y crítico, aunque a veces pase desapercibido. Los *toxic handlers* mantienen el espíritu positivo y productivo de la organización, aunque los individuos de esta se enfrenten y se peleen. Al guardar las confidencias de los demás, solucionar sus problemas interpersonales y convertir los mensajes difíciles en mensajes constructivos, absorben la negatividad de la vida profesional diaria y permiten a los empleados centrarse en el trabajo constructivo.

Pero no es tarea fácil. Tal como demostró el estudio de Sandra y Frost de más de setenta *toxic handlers* (o de aquellos que los dirigían), las personas que realizan estas funciones suelen experimentar unos niveles de estrés y de tensión tan elevados que pueden llegar a afectar a su salud física y a su trayectoria profesional. En consecuencia, tendrán menos capacidad para ayudar a los demás a largo plazo —uno de los efectos colaterales que más preocupa a estos gestores de la toxicidad—.

Pero si estas personas son capaces de reconocer que están desempeñando una función que, al mismo tiempo, es extraordinariamente valiosa y engorrosa, verán su propia competencia emocional bajo una nueva perspectiva y reconocerán las señales de que indican un exceso de tensión antes de que sea demasiado tarde.

¿Cómo saber *si eres* un *toxic handler*? Hazte las siguientes preguntas:

- ¿Trabajas en una organización caracterizada por muchos cambios, disfunciones o políticas?

- ¿Realizas una función que engloba a diferentes grupos o a diferentes niveles?

- ¿Pasas mucho tiempo escuchando y ofreciendo consejos a tus compañeros?

- ¿Se te acerca la gente para comentar sus preocupaciones, emociones, secretos o problemas laborales?

- ¿Te cuesta decir que no a tus compañeros, especialmente cuando te necesitan?

- ¿Pasas mucho tiempo en segundo plano gestionando las decisiones sobre las políticas y las influencias para proteger a los demás?

- ¿Tiendes a mediar en la comunicación entre una persona tóxica y las demás?

- ¿Te sientes obligado a defender a la gente de tu trabajo que necesita tu ayuda?

- ¿Te consideras un consejero, un mediador o un pacificador?

Si tu respuesta a cuatro o más de estas preguntas es afirmativa, puede que seas un *toxic handler*. Antes de que te asustes por esta etiqueta, ten en cuenta que hay aspectos positivos y negativos en ella. La parte positiva es que tienes unas capacidades emocionales muy valiosas: seguramente, en lugar de incrementar los problemas, sabes escuchar, eres empático y gestionas bien los problemas. Además, la gente que te rodea valora positivamente el apoyo que le das. Es importante reconocer que esta función es estratégicamente esencial para las organizaciones: eres capaz de calmar las situaciones difíciles y de reducir las disfunciones.

Ahora, las malas noticias. Probablemente, también estás asumiendo más trabajo del que te corresponde y, seguramente, como héroe anónimo, no recibes el reconocimiento por tus esfuerzos. Escuchar, mediar y trabajar entre bastidores para proteger a los demás te quita mucho tiempo de tus otras responsabilidades. Además, ser un *toxic handler* también te consume grandes dosis de energía emocional porque tienes que escuchar, reconfortar y aconsejar a los demás. Dado que no estás formado en este tipo de ayuda, asumes involuntariamente el dolor de los demás y acabas pagando un alto precio por ello. El estudio de Sandra concluye que los *toxic handlers* tienden a asumir las emociones de los demás, pero no saben cómo deshacerse de ellas. Como persona que estás ayudando constantemente a los otros, es muy probable que nunca busques ayuda para ti mismo. Por último, puesto que esta función forma parte de tu identidad y es algo que te llena, te costará dejar de hacerlo.

Piensa en el caso de Sheung-Li. Su jefe era una estrella con una trayectoria brillante, pero no gestionaba bien a su equipo. No se esforzaba por conocer personalmente a los miembros del equipo de Sheung-Li e ignoraba totalmente a los miembros más jóvenes. Además, estaba obsesionado con los altos objetivos de rendimiento que parecían haber salido de la nada. «Mi principal función se convirtió en proteger a los miembros de mi equipo, en darles seguridad, en mantenerlos centrados en nuestros objetivos y en protegerles de las tensiones que ese hombre siempre estaba creando», decía Sheung-Li. «Dedicaba una gran cantidad de tiempo a suavizar los mensajes, a mediar con mi jefe cuando nuestro equipo no cumplía con los objetivos deseados, a intentar convencerlo de que reconsiderara sus decisiones y a evitar, de este modo, las consecuencias obvias que tendrían. Tenía la sensación de estar siempre entre dos aguas. Y ni siquiera estaba seguro de proteger a mi equipo del dolor que esto le causaba. No dormía pensando en lo que le estaba pasando a mi equipo, perdí peso y me ponía enfermo continuamente. No sé si esta era la causa, pero sí que sé que pase una época muy difícil. Me costaba mucho concentrarme en otras cosas».

Si los casos de Sheung-Li y de Divani te son familiares, ¿qué tienes que hacer para continuar ayudando a tus compañeros y a tu compañía sin dejar de protegerte a ti mismo? ¿Cómo puedes seguir jugando este papel tan valioso de una forma sostenible?

Empieza por analizar si tu función te está pasando factura. Por naturaleza, algunos *toxic handlers* están más preparados; tendrás que saber qué es lo mejor para ti en cada momento. Busca pruebas que demuestren que estás estresado o quemado: síntomas físicos como el insomnio, el dolor de mandíbula y en la articulación temporomandibular, palpitaciones y más enfermedades de lo normal. ¿Tienes menos energía que la habitual o te cuesta concentrarte? Algunas veces, estos síntomas pueden pillarte por sorpresa, por eso es conveniente que preguntes a personas de tu entorno si han notado algún cambio. Si no sientes ningún tipo de estrés, no hace falta que hagas nada más que mantenerte alerta. Solo en el caso de que te esté perjudicando tendrás que intentar dejar de ser un *toxic handler*. Así es cómo puedes hacerlo:

Reduce los síntomas del estrés. Utiliza métodos conocidos y probados para aliviar el estrés: la meditación, el ejercicio, dormir bien y comer sano. Puesto que a los *toxic handlers* les cuesta hacer cosas por sí mismos, es importante que reconozcas que para ayudar a tus compañeros te has de cuidar a ti mismo. Pon a tus compañeros en la intención de tu práctica de meditación o de yoga.

Escoge tus batallas. Cuando estás sometido emocionalmente a todos los problemas, es difícil saber dónde tienes mayor impacto, pero descubrirlo es un ejercicio que te permitirá ser más útil ahí donde tienes que lograr algo. ¿Quién va a poder hacerlo sin tu ayuda?

¿En qué situaciones no has dejado ninguna huella a pesar de tus esfuerzos? Aléjate de estas interacciones.

Aprende a decir no. Es difícil decir no, pero es importante que lo digas. Así es cómo puedes hacerlo sin dejar de ser comprensivo:

- Transmite empatía: Deja claro que sientes el dolor de tus compañeros, que no estás negando que están experimentando una respuesta emocional legítima a una situación.

- Diles que no estás en el mejor momento para ayudarles y, si te sientes cómodo, explícales las razones.

- Piensa en otras fuentes de apoyo: ponles en contacto con otra persona de la organización o con alguien que tenga una experiencia similar (para que así se puedan prestar apoyo mutuo). Sugiéreles un artículo, un libro o cualquier otra fuente sobre el tema, algo sobre la gestión de conflictos o sobre las políticas laborales. O si sabes por experiencia que la persona es buena llegando a soluciones creativas por sí sola, anímala a que lo haga.

Deja a un lado la culpa. Si te sientes culpable por no ayudar a alguien intenta hacer lo siguiente:

- Reconoce que los conflictos suelen solucionarse mejor cuando se implican las partes involucradas. Si siempre intentas ayudar, no permitirás que los demás adquieran las técnicas y las herramientas que necesitan para prosperar.

- Pregúntate si eres la única persona que puede ayudar en una situación determinada. Haz una lista de otras personas de la organización que puedan ayudarte en esto —quizá encontréis una forma de compartir la carga—.

- Recuerda que no puedes dar tanto de ti: decir que sí a más de una persona significa que estás acordando hacer menos por aquellas otras personas y proyectos con los que ya te has comprometido.

Forma una comunidad. Busca otros *toxic handlers* a los que pedir ayuda. Pueden ser personas que realizan funciones similares a la tuya u otros miembros del equipo que ves que están enfrentándose a las mismas consecuencias del mismo líder tóxico. También puedes identificar a un amigo para desahogarte o a un grupo más formal que se reúna regularmente para compartir sus experiencias. Esta es una opción particularmente buena si todo tu equipo u organización está en apuros y eres consciente de que hay otros que están pasando por lo mismo. Evita que estas soluciones se conviertan en sesiones repetitivas de desahogo centrando la conversación en la solución creativa del problema y el asesoramiento.

Haz pausas. Estas pausas pueden ser tan breves o prolongadas como necesites. Divani empezó a trabajar con su puerta cerrada, algo que jamás había hecho. «Me sentía fatal cerrando la puerta; era como si abandonara a los compañeros que me necesitaban. Pero si perdía mi trabajo no iba a poder ayudarles nunca más», explicó. Piensa en concederte un día de descanso para tu salud mental o planea unas vacaciones. Si la situación es especialmente grave, piensa en una reasignación temporal de tus funciones. Puesto que los trabajos en los que has mediar entre varios equipos o grupos suelen ser especialmente difíciles, si eres capaz de apartarte de esa función durante un tiempo, seguramente conseguirás el respiro que necesitas.

Estas interrupciones no tienen que ser para siempre. «Las cosas se han calmado desde entonces», dijo Divani, «y creo que he vuelto a ser la persona en la que la gente se apoya cuando necesita soporte emocional. Pero ahora, es totalmente factible».

Haz un cambio. Si nada de lo que has hecho ha generado algún cambio, lo mejor que puedes hacer es abandonar. Sheung-Li dijo: «Después de dos años en esta situación tóxica, y animado por mi esposa, fui a ver a un médico. Gracias a él pude ver que la realidad no iba a cambiar, que ese director no se iba a ir a ninguna parte, que el estrés me estaba devorando vivo y que yo era el que tenía que cambiar. Hice un montón de cosas, pero creo que lo mejor que hice fue hacer un cambio en mis labores para escapar de esa función y proteger mi bienestar a largo plazo. Fue la mejor decisión de mi vida».

Considera la terapia. Suena fuerte, pero la decisión de Sheung-Li de visitar a un terapeuta es una muy buena opción. Un terapeuta experimentado puede ayudarte a identificar tu agotamiento, a controlar los síntomas del estrés, a saber decir que no y a hacerlo sin sentirte culpable. Y además puede ayudarte a protegerte de los altibajos emocionales que supone ser un *toxic* *handler*, también te ayudará a alcanzar tus objetivos. Ellos mismos han sido entrenados para escuchar a sus clientes empáticamente sin dejarse llevar por sus emociones. Te ayudará a desarrollar las habilidades que necesitas para ayudar a los demás sin absorber tú mismo su carga emocional.

Por último, aquí tienes algunas de las «soluciones» que te recomendamos evitar. Aunque, aparentemente, son buenas respuestas, no siempre son tan útiles como crees.

Solo desahógate. Aunque es bueno aliviarte de tus emociones —la catarsis *puede* reducir la agresión— desahogarte demasiado puede incrementar los niveles de estrés. Te interesa seguir avanzando, no deleitarte en tus problemas. Y eso es cierto tanto para los que confían en ti como para ti mismo. Cuando alguien se acerque a ti para desahogarse, piensa en decirle algo así como, «¡Te escucho! ¿Por qué no pensamos en algo para solucionar la situación?»

Ir a tu jefe o al de recursos humanos. Por desgracia, a pesar de su enorme valor, el papel del *toxic handler* suele estar poco reconocido y subestimado en las organizaciones. Esto quiere decir que, aunque tu jefe intente ayudarte, en muchas culturas organizacionales esta ayuda es arriesgada para ellos. También hay muchas firmas que no están dispuestas a intervenir en una situación tóxica a favor del gestor de esta situaciones.

Sin embargo, los *toxic handlers* son fundamentales para el bienestar emocional de las organizaciones y de su gente. Si eres un *toxic handler*, aprende a detectar las señales de una fatiga emocional o física —y aprende a alejarte cuando sea necesario— para poder seguir haciendo lo que mejor sabes hacer.

SANDRA L. ROBINSON es profesora de conducta organizacional en la escuela de negocios Sauder de la Universidad de la Columbia Británica. KIRA SCHABRAM es profesora adjunta de conducta organizacional de la escuela de negocios Foster de la Universidad de Washington.

Adaptado del contenido publicado en hbr.org,
30 de noviembre de 2016 (producto #H03A8W).

11

Controla las voces críticas que hay en tu cabeza

Peter Bregman

A las 8:20 de la mañana, Isabelle, mi hija de 12 años, estaba corriendo para reunirse a tiempo con su equipo de esquí. Llegaba 20 minutos tarde y estaba agobiada: se toma muy en serio el tema del esquí, y estaba entrenando para una competición que tenía al cabo de dos días.

Cuando estaba cerca del centro de la competición, se dirigió hacia Joey, uno de sus entrenadores. Joey miró el reloj, levantó la vista con el ceño fruncido y le dijo: «Si hoy fuera la competición te diría que dieras media vuelta y te fueras a casa».

Sus palabras le hirieron y se puso a llorar. Al cabo de un rato, Vicky, una de sus entrenadoras, fue a hablar con ella porque vio que estaba muy agobiada.

«Cariño, no te preocupes», le dijo. «Esto no es una carrera. No pasa nada si llegas un poco tarde. Te encontrarás con tu grupo en lo alto de la montaña».

Dos entrenadores y dos respuestas bien diferentes. ¿Quién tiene razón? ¿Qué opinas?

Pero, en realidad, esta no es la cuestión.

¿Mi consejo? Todos tenemos Joeys y Vickys en nuestras vidas. Ellos son nuestros profesores, nuestros jefes, nuestros compañeros y nuestros amigos. Entonces, le dije: «Está bien que te acostumbres a las diferentes respuestas sin perder el equilibrio. No puedes controlar las respuestas de los demás, pero sí puedes controlar tu reacción y tu respuesta ante ellas».

Vayamos un paso más adelante. La verdad es que todos tenemos a un Joey y a una Vicky en nuestro interior, y ambos pueden ser útiles. Joey puede parecer grosero, pero sus altas expectativas y la baja tolerancia al fracaso nos pueden servir para mejorar. Por otro lado, de vez en cuando necesitamos un apoyo empático. Para algunos, Vicky puede parecer demasiado blanda, pero su consuelo y su tranquilidad nos pueden ayudar, especialmente en los momentos de estrés.

Esta es la clave: decidir de una manera estratégica y voluntaria a quién quieres escuchar —y cuándo—, incluso si se trata de las voces que hay en tu cabeza. Sin duda, son las peores. Es muy fácil tildar a Joey de estúpido e ignorarlo, pero es bastante más difícil ignorar las voces que hay en tu cabeza porque, al fin y al cabo, no dejan de ser tuyas.

Prueba con esta táctica: cuando escuches las voces, dales nombres y personalidades. Imagínate a Joey en un lado y a Vicky en el otro.

1. Reconoce las voces que hay en tu cabeza. Muchas veces nos limitamos a creer lo que oímos

de otras personas o de nosotros mismos. Si tu voz interior te llama perezoso, es fácil que creas que lo eres. En cambio, si imaginas que es Joey el que te lo está llamando, la cosa cambia.

2. Resiste la necesidad de juzgar si las voces que hay en tu cabeza son ciertas. Es imposible saberlo, y además no importa. ¿Eres perezoso? Lo cierto es que es probable que lo seas para ciertas cosas y no para otras. Pero esta no es la pregunta adecuada.

3. En lugar de eso, piensa en el resultado que deseas y pregúntate: ¿Ahora mismo tiene alguna utilidad lo que esta voz está diciendo? Esta es la misma pregunta que deberías hacerte cuando te enfrentas a un Joey o a una Vicky reales. ¿Es esta voz útil para mí en este momento? Si crees que te motiva, escúchala. Si te desmoraliza, no la escuches.

Una habilidad importante es la de ignorar las voces críticas cuando son destructivas, pero sin descartarlas del todo. Quizás en otro momento te sean útiles.

El objetivo es la flexibilidad. Desarrolla un grupo variado de críticos y entrenadores, tanto internos como externos. Reconoce quién está hablando y cuándo deberías escucharle.

Sentirse cómodo con múltiples voces es algo especialmente importante en el caso de que seas directivo. Debes poder ejercer el papel de Joey o de Vicky dependiendo de cada situación. A veces, la gente necesita sentir tus altas expectativas y tus disconformidades. Otras veces, necesita tu amabilidad y empatía. No ignores ni la una ni la otra. Analiza, en cada caso, qué es lo que necesitas y elige.

«Esto es difícil», me dijo Isabelle después de que habláramos de las diferentes voces y los mensajes que llevan. «¿Cómo puedo dejar de pensar que Joey es un idiota? ¿O que soy patética por llegar tarde?».

«Es posible que él sea idiota y que tú seas patética», le dije, «pero no tiene nada que ver con lo que te ha dicho. Esta es la cuestión: ¿Mañana procurarás llegar puntual?».

«Sí», me contestó. «Pero me he sentido fatal».

«Y cuando te sientes fatal, ¿puedes escuchar también la voz de Vicky?».

«Sí», dijo empezando a sonreír.

«Entonces, está bien que tengas dos entrenadores», le dije.

Porque, a veces, ambas voces son la combinación perfecta.

PETER BREGMAN es *coach* especializado y consejero delegado de Bregman Partners, donde lidera a un equipo de más de 25 *coaches* que ayudan a altos directivos y a sus equipos a crear cambios conductuales positivos y a trabajar más eficazmente para conseguir los resultados empresariales más importantes. Peter es autor del superventas *Leading with Emotional Courage* y dirige el *Bregman Leadership Podcast*.

Adaptado del contenido publicado en hbr.org,
6 de abril de 2015 (producto #H01ZOW).

Índice

Índice

Guías Harvard Business Review

En las **Guías HBR** encontrarás una gran cantidad de consejos prácticos y sencillos de expertos en la materia, además de ejemplos para que te sea muy fácil ponerlos en práctica. Estas guías realizadas por el sello editorial más fiable del mundo de los negocios, te ofrecen una solución inteligente para enfrentarte a los desafíos laborales más importantes.

Monografías

Michael D Watkins es profesor de Liderazgo y Cambio Organizacional. En los últimos 20 años ha acompañado a líderes de organizaciones en su transición a nuevos cargos. Su libro, **Los primeros 90 días**, con más de 1.500.000 de ejemplares vendidos en todo el mundo y traducido a 27 idiomas, se ha convertido en la publicación de referencia para los profesionales en procesos de transición y cambio

Las empresas del siglo XXI necesitan un nuevo tipo de líder para enfrentarse a los enormes desafíos que presenta el mundo actual, cada vez más complejo y cambiante.

Este libro presenta una estrategia progresiva que todo aquel con alto potencial necesita para maximizar su talento en cualquier empresa.

Publicado por primera vez en 1987 **El desafío de liderazgo** es el manual de referencia para un liderazgo eficaz, basado en la investigación y escrito por **Kouzes** y **Posner**, las principales autoridades en este campo.

Esta sexta edición se presenta del todo actualizada y con incorporación de nuevos contenidos.

¿Por qué algunas personas son más exitosas que otras? El 95 % de todo lo que piensas, sientes, haces y logras es resultado del hábito. Simplificando y organizando las ideas, **Brian Tracy** ha escrito magistralmente un libro de obligada lectura sobre hábitos que asegura completamente el éxito personal.

Crear un equipo y un entorno donde la gente pueda desarrollar bien su trabajo es el mayor reto de un líder, a quien también se le exige que mejore el rendimiento de su equipo a través de un liderazgo innovador. **La Mente del Líder** ofrece importantes reflexiones y puntos de vista que nos muestran el camino a seguir para que todo esto suceda.

Enfrentar el cambio radical que provocará la IA puede resultar paralizante. **Máquinas predictivas** muestra cómo las herramientas básicas de la economía nos dan nuevas pistas sobre lo que supondrá la revolución de la IA, ofreciendo una base para la acción de los directores generales, gerentes, políticos, inversores y empresarios

Nuestra atención nunca ha estado tan sobrecargada como lo está en la actualidad. Nuestros cerebros se esfuerzan para realizar múltiples tareas a la vez, mientras ocupamos cada momento de nuestras vidas hasta el límite con distracciones sin sentido.

Hyperfocus es una guía práctica para manejar tu atención: el recurso más poderoso que tienes para hacer las cosas, ser más creativo y vivir una vida con sentido.

Make Time es un manifiesto encantador, una guía amigable que nos ayudará a encontrar la concentración y la energía en nuestro día a día.

Se trata de dedicar tiempo a lo realmente importante fomentando nuevos hábitos y replanteando los valores adquiridos fruto de la actividad frenética y de la distracción.

La obra de **Aaron Dignan** es una lectura obligada para todos aquellos interesados por las nuevas formas de trabajo. Un libro del todo transgresor que nos explica exactamente cómo reinventar nuestra forma de trabajar, dejando atrás los clásicos sistemas jerárquicos verticales, y potenciando la autonomía, la confianza y la transparencia. Una alternativa totalmente revolucionaria que ya está siendo utilizada por las startups más exitosas del mundo.

También disponibles
en formato e-book

Solicita más información en
revertemanagement@reverte.com
www.revertemanagement.com